XIAOXUE SHUXUE
XUEXI XINLIXUE

小学数学学习心理学

郭兆明 著

江苏大学出版社
JIANGSU UNIVERSITY PRESS
镇 江

图书在版编目(CIP)数据

小学数学学习心理学 / 郭兆明著. — 镇江 ：江苏大学出版社，2018.12
ISBN 978-7-5684-1020-5

Ⅰ. ①小… Ⅱ. ①郭… Ⅲ. ①小学数学课—学习心理学 Ⅳ. ①G623.502

中国版本图书馆 CIP 数据核字(2018)第 289344 号

小学数学学习心理学

著　　者/郭兆明
责任编辑/张小琴
出版发行/江苏大学出版社
地　　址/江苏省镇江市梦溪园巷 30 号(邮编：212003)
电　　话/0511-84446464(传真)
网　　址/http://press.ujs.edu.cn
排　　版/镇江市江东印刷有限责任公司
印　　刷/虎彩印艺股份有限公司
开　　本/718 mm×1 000 mm　1/16
印　　张/11.75
字　　数/220 千字
版　　次/2018 年 12 月第 1 版　2018 年 12 月第 1 次印刷
书　　号/ISBN 978-7-5684-1020-5
定　　价/46.00 元

如有印装质量问题请与本社营销部联系(电话:0511-84440882)

前　言

从研究构架上，小学数学学习心理学是一门正在构建中的学科，本书中的相关研究将小学数学学习心理学建立在小学数学学习科学、小学数学教学科学和小学数学评估科学的基础上。小学数学学习科学是基于实证依据的关于如何学习小学数学的理论，小学数学教学科学提出基于实证依据的小学数学教学原则，小学数学评估科学是创建一种描述学习者在学习过程中的认知结果和认知过程的工具。为了理解小学数学学习心理学，理解学习、教学和评估三者之间的关系是非常必要的。学习是核心，教学的目的是促进学习，评估呈现学习结果，评估的结果又促进教学和学习。小学数学学习心理学研究的问题包括：哪种教学和学习策略对数学学习有效？这种策略适合哪种数学知识，适合哪类学习者？为什么这种策略有效？

从研究对象上，小学数学学习心理学以小学数学概念、规则、问题解决、数学学习动机、数学测验为研究对象，阐述数学概念、规则和问题解决的教学策略，学习者的认知结构和错误类型，建构干预数学学习不良学生的策略，以及用于激发数学学习动机的跨学科策略、游戏策略、计分策略。数学测验包括数学能力测验、数学成就测验、数学观测验、数学兴趣测验和数学焦虑测验。

从研究方法上，小学数学学习心理学应该建立在实证研究的基础上。相比较而言，国外的实证研究较多，国内的实证研究较少。我国小学数学教师和研究者提出了许多富有创见的研究假设，但没有数据支持；而国外教学策略虽然有实证依据，但策略的有效性不一定比我国的好。我国研究者追求策略的特异性，国外研究者追求通法，通法虽然应用范围广，但效果可能不尽如人意。这就需要数学教育和教育心理学的研究者联合起来，建构具有中国特色的小学数学学习心理学。

由于作者水平有限，本书可能存在许多不足，敬请读者批评指正，以帮助改进和完善，共同推进小学数学学习心理学的建构。

感谢江苏大学出版社对本书的出版给予的大力支持！本书的出版得到扬州大学出版基金的资助，特致感谢！

郭兆明

2018 年于扬州瘦西湖畔

目　　录

第一章　数学概念的学习

数学概念学习从数学概念概述、数学概念的发展研究、数学概念的变式教学、数学概念的变异教学、分数和等值分数概念的学习、数学概念学习的干预研究等方面进行阐述。

第一节　数学概念概述

概念是思维的基本单位。概念使得认知更加经济，可减轻情境的复杂性，有助于人们进行推理，帮助人们认清事物的本质，使知识经验系统化（张庆林，2007）。

一、数学概念

概念是对事物本质属性抽象概括的表征。本质属性是某类事物特有的、区别于其他事物的属性。概念学习就是通过对本质属性的辨认、识别和类化，来辨别正反例。当学习者能够正确地识别概念所有的正反例时，就可以说他学会了这个概念。

（一）数学概念的界定

数学概念是对现实世界数量关系和空间形式中本质属性的表征。例如，“三角形的高”定义为“从三角形的一个顶点向它的对边所在直线作垂线，顶点和垂足之间的线段称为高”。经过顶点和垂直对边可以看作是这个概念的两个本质属性，三角形的任何一条高都必须具备这两个本质属性，而具备这两个属性的线段就是三角形的高。

（二）小学数学概念的分类

小学数学中的概念主要包括以下几个方面：（1）数的概念：如自然数、整数、小数、分数、百分数，以及与此有关的数位、计数单位、分子、分母、小数点、循环节等。（2）运算的概念：如加、减、乘、除四则运算，以及与此有关的加数、被减数、减数、因数、被除数、除数、和、差、积、商等。

(3) 数的关系的概念：如大于、小于、等于、整除、约数、倍数、互质数、最大公约数、最小公倍数、倒数等。(4) 量与计量的概念：如长度、面积、体积等各种量及计量单位，计量单位间的进率，计量单位的化聚等。(5) 形的概念：如直线、线段、射线、长方形、正方形、平行四边形、梯形、三角形、圆、长方体、正方体、圆柱体、圆锥体及垂线、平行线等。(6) 比和比例的概念：如比、比值、比例、比例尺、正比例、反比例等。(7) 代数初步知识的概念：如方程、方程的解、解方程等。(8) 应用题的概念：如应用题的条件、简单应用题、复合应用题、分数应用题、分步算式、综合算式等。(9) 统计的概念：如平均数、统计表、统计图等（金成梁，2001）。

二、数学概念的获得

概念的获得方式有概念的形成和概念的同化。

(一) 概念的形成

概念的形成是指同类事物的本质属性（关键属性），可以由学习者从大量的同类事物的不同例证中独立发现。例如：分数的初步认识就是使用概念的形成方式。

(二) 概念的同化

1. 定义

概念的同化是指用定义的方式直接向学习者呈现，学习者利用认知结构中原有的有关概念理解新概念。例如，学习过四边形概念，再学习平行四边形或梯形概念时，使用概念的同化方式。

2. 类型

根据新概念与认知结构中原有概念的关系，概念同化有三种类型：(1) 总括性同化。如果新学习的概念是种概念（上位概念），那么，学生就可以通过属概念（下位概念）概括出种概念。(2) 类属性同化。如果新学习的概念是某个种概念的属概念，而这个种概念是学生已经掌握的，那么，学生就可以把新概念归于种概念之下。例如，学过分数概念后再学真分数。(3) 并列结合性同化。当新学习的概念既不是学生已经掌握概念的种概念，也不是属概念，而是与之并列，那么这种同化比总括性同化和类属性同化更复杂和困难，例如，三角形和四边形这两个概念之间的关系是并列关系（刘电芝，2001）。

3. 影响同化的认知结构变量

影响同化的认知结构变量为概念的可利用性、可辨别性、稳定性。可利用性是指学生在学习一个新概念时，认知结构中是否具有用来同化新概念的有关概念；可辨别性是指新概念与原有概念的分辨程度，分辨程度越高，原有概念对新概念的干扰就越少；认知结构中概念越稳定，新概念就越容易获得。

三、数学概念的表征

（一）外在表征

数学概念的外在表征有具体表征、图形表征和抽象表征。对于同一个数学概念，不同的学生可以有多种多样的表征方式，例如，2/3 的表征大致可以分离出 7 种类型（实物、图示、定义、运算、除法、比、其他）；学生对数学概念的表征并不一定都是概念的定义，而可能是与概念定义同构或拟同构的表象，也可能是对概念的自我“修正”形式。也就是说，每个学生在进行概念内部表征时有自己的方式。例如，2/3 的表征，有具体材料操作背景的实物表征：“3 个苹果吃掉了 2 个”；有表达整体与部分之间关系的图形表征（如图 1-1 的 4 种图形）；有对定义进行“修改”的语言与符号表征：“2 的 1/3”“2 个 1/3”“2 乘 1/3”“把 2 平均分成 3 份，取其中的 2 份”“2 除以 3”“2 比 3”等。高年级学生可以同时采用多种表征方式，并能在这些表征方式之间建立同构映射，进行自由转换，而对于低年级学生或高年级的差生，可能往往只有一种表达方式（李善良，2005）。

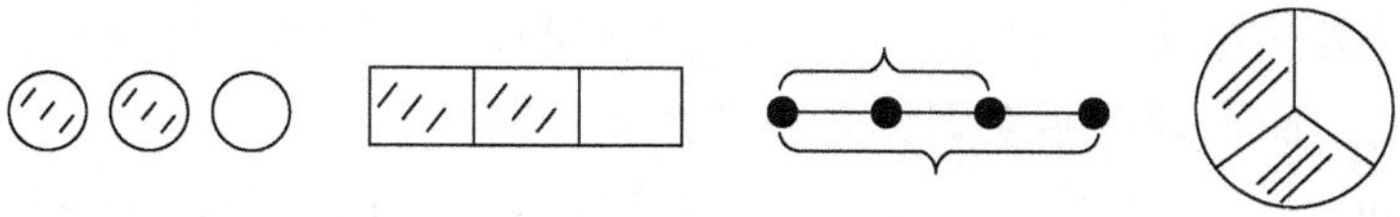

图 1-1　2/3 的表征方式

（二）内在表征

1. 概念的特征理论

概念的特征理论（feature list theory）由波纳等人（Bourne，1979）提出。特征理论是由本质属性和概念规则这两个因素组成的，即 $C=R$（x，y，…）。其中，C 为概念，x，y，…为一类事物所具有的共同的本质属性，R 为整合这些本质属性的规则（关系）。概念的规则有合取、肯定、否定、析取、关系等。合取规则是最常见的，即“且”的关系。例如，平行四边形是对边平行且相等的四边形，对边平行和对边相等是平行四边形的两个本质属性，而且具有合取关系；经过顶点和垂直对边是三角形高的两个本质属性，也具有合取关系。

2. 概念的原型理论

概念的原型理论（prototype model）由罗施等（Rosch，1975）提出。原型理论认为，概念主要是以原型，即它的最佳实例来表征的。概念由原型（最佳实例）和范畴成员代表性程度两个因素构成，其中原型起核心作用；范畴成员代表性程度表明其他实例偏离原型的程度。例如，分数、小数、自然数、负数的定义都采用原型理论。一般来说，对于很难定义的概念，通常采用举例的方式定义。

罗施认为，原型在类别中占有特殊的地位，因为它是类别的中心。所谓中心，是指一些类别成员相对于其他成员而言是该类别更好的样例。处于中心的成员比边缘的成员更容易获得，在运用时，想到最多的是中心成员。李善良（2006）认为，数学概念原型是表征数学概念本质属性的最典型的标准实例。原型是主观的还是客观的？对不同的学生来说，原型是相同的还是不同的？原型是教师提供的还是学生自己建构的？这些问题值得进一步研究。

四、数学概念的错误

李善良（2002）将数学概念的错误分为过程性错误和合理性错误。前者指数学概念形成过程中，从实例到意象、从意象到定义、从联系到网络、从运用到体系、从批判到创新的各个环节中，出现错误的或不完全的反应与操作；后者主要指概念学习中阶段、水平的转变，不同的个性倾向等带来的概念学习的障碍而造成的错误。相对而言，过程性错误具有短暂性和外显性，是可以预防与避免的，而合理性错误则具有隐蔽性和长期性。

Stafylidou（2004）研究了10～16岁学生对分数的理解。第一层次，直接从自然数的角度解释分数，认为分数是由两个相互独立的自然数构成的；第二层次，分数是一个整体中的几个部分；第三层次，理解分子与分母的关系，从而认识到分数可以小于、等于、大于整数。分数概念的错误来源于分数概念不断变化，Vosniadou（2004）提出了概念变化理论：① 知识的获得过程并不总是一个不断丰富已经存在概念结构的过程，有时候，新信息的获得要求对已有概念做出彻底的重构；② 比起通过丰富已有知识结构而完成的学习，重构学习更加困难，需要更多时间，并且在重构过程中可能产生许多错误的概念（徐速，2006）。

儿童在解决等值分数任务时主要表现出三种错误策略：整数偏向、差值比较、加法策略（韩玉蕾，2012）。

1. 整数偏向

整数偏向是指在分数比较任务中，使用整数策略进行比较。儿童经常运用三种整数策略：① 根据分母大小做比较；② 根据分子大小做比较；③ 分别比较两个分数的分子和分母。在判断等值分数时，由于儿童把分数的分子和分母视为两个单独的自然数，因而错误地认为2/4是1/2是两倍。

2. 差值比较

有两种表现，一是通过比较每个分数的分子和分母之差，确定两个分数的比较结果；二是将每个分数与整体1相比，以此确定比较结果。Clarke 和 Roche（2009）发现，当比较5/6和7/8的大小时，29%的六年级儿童认为两个分数是等值的，因为它们都还差一份就凑成一个整体1。Mitchell 和 Horne（2010）的研究中有半数的六年级儿童犯了同样的错误。

3. 加法策略

由于先前接受大量的加法思维训练，儿童习惯于这种思维方式，对于等值分数也常常采用加法性解释。例如，他们认为3/4 =7/8，因为3 +4 =7，4 +4 =8。

五、数学概念的抽象度分析法

徐利治等（1985）提出了数学抽象度的类型与抽象度分析法。

（一）概念抽象的类型

1. 弱抽象

弱抽象，也可以叫作概念“扩张式抽象”，是指从原型中选取某一特征（侧面）加以抽象，从而获得比原结构更广的结构，使原结构成为后者的特例。因为概念扩张是一种减弱结构法，所以称为弱抽象。例如，自然数→分数→有理数→实数，就是概念的弱抽象。

2. 强抽象

强抽象，也可以叫作“强化结构式抽象”，即通过引入新特征来强化原结构，从而完成抽象。例如，四边形→平行四边形，就是概念的强抽象。

3. 广义抽象

广义抽象，若定义概念B时用到了概念A，我们就说B比A抽象。例如，定义等边三角形时要运用三角形的定义，因此，等边三角形比三角形抽象。这类抽象在小学数学中较常见。

（二）数学概念抽象度分析

每个抽象物都有一个“三元指标”，即相对抽象度、入度和出度。相对抽象度是指两个抽象物之间链的长度，它表明数学抽象物的相对深刻性；入度是指汇聚到某一数学抽象物的链的条数，它表明数学抽象物的重要性；出度是指由某一数学抽象物引出的链的条数，它表明数学抽象物的基础性。如图1-2所示，三角形、平行四边形的出度指标数值较大，分别是4与3，说明三角形和平行四边形在平面几何中具有最基本性。三角形是构成几何直边图形的基本单元（刘玉忠，1996），通过概念的抽象度分析可以认清概念的重要性与基础性。

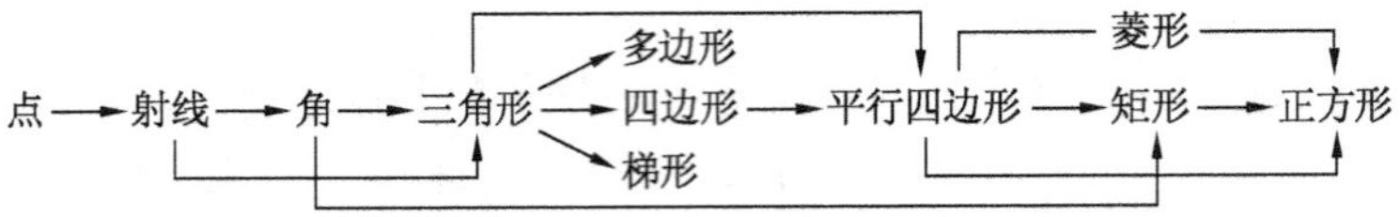

图 1-2　几何概念的抽象度分析

第二节　数学概念的发展研究

数学概念的发展研究很多，本节从数概念的发展、几何概念的发展和概率概念的发展研究中选出少数经典研究进行阐述，着重关注研究设计，不关注研究结果。

一、数概念的发展

林崇德（1981）研究了数概括能力的发展。确定小学儿童数概括能力发展水平的指标：① 对直观的依赖性；② 对数的实际意义的理解；③ 对数的顺序和大小的认识；④ 数的组成（分解组合）；⑤ 对数概念扩充及定义的展开。根据指标分析研究结果，林崇德（1981）将小学儿童的数概括能力分为 5 个等级：

第一级：直观概括水平。显著表现是依靠实物、教具或掰手指头来掌握 10 以内的数概念，离开直观，运算就中断或发生困难。

第二级：具体形象概括的运算水平。属于这一水平的儿童，已经进入“整数命题运算”。达到该等级的指标有三个，即掌握一定整数的实际意义、数的顺序和数的组成。这一级又可以细分为若干不同的小阶段，例如，20 以内的数概念、百以内的数概念、万以内的数概念、整数四则运算概念等。处于这一等级的儿童由于经验的局限性，对于超出生活范围的运算的数不能真正理解它们的数的实际意义。

第三级：形象抽象概括的运算水平，处于从形象概括到抽象概括发展的过程中。处于这阶段儿童由于数表象的丰富与数实际意义的扩大，形成数概括的新特点：① 不仅掌握了整数，而且掌握了小数和分数的实际意义、大小、顺序和组成；② 能掌握整数和分数概念的定义；③ 得益于儿童空间表象的发展，能够从大量几何图形的集合中概括出几何概念，并掌握一些几何体的计算公式和定义。因此，这一级水平又可称为“初级几何命题运算”。

第四级：初步的本质抽象概括水平，即初步代数的概括运算水平。处于该等级的儿童在数概括能力上的特点包括：① 能用字母的抽象代替数字的抽象，例如，能初步列方程解应用题；② 开始掌握算术范围内的“交集合”与“并集合”思想，例如，通过求公倍数与公约数的运算掌握“交”与“并”的思想；③ 能够完整地解答各种类型的“典型应用题”，掌握组合分析的运算。

第五级：进入代数命题概括运算。这一级水平的儿童根据假设进行概括，完全抛开算术框图进行运算，但处于这一级概括水平的儿童在小学阶段是少数。

刘金花（1984）研究了 7 ~ 11 岁儿童数概念的稳定性。研究设计如下：有三排相同数目的围棋子，起先将棋子紧挨着排成等长的三行，待儿童确认它们一样多时，用纸屏挡住儿童视线，将其中的一排棋子间距拉开，将另一排棋子聚拢，剩下的一排保持原状，问儿童：“这三份棋子是一样多，还是不一样多？”若儿童回答不一样多，则追问：哪个多？哪个少？为什么？如果儿童能够通过三排各为 6 粒的棋子一题，就继续做三排棋子各为 7、12 的两小题；若通不过就将棋子减少一个；若再通不过就做不掩盖试验，即当着儿童的面或让儿童亲自动手改变棋子排列的形状，找出每个儿童的数概念稳定性的临界点。

二、几何概念的发展

（一）长度概念

刘金花（1984）研究了 7 ~ 11 岁小学生长度概念的稳定性。研究设计如下：将两根长 20 cm 的铅丝头尾相齐并排放在桌子上，由儿童判断得出它们一样长的结论。然后主试用纸屏挡住儿童视线，将其中一根铅丝斜放，问儿童：“这两根铅丝是一样长，还是不一样长？为什么？”若这道题通过就做第二题：主试在儿童看不到的情况下，将一根铅丝扭成半圆形。第三题是一根铅丝变成圆形。上述三题按顺序测试，前一题通过再做下一题；在掩盖条件下通不过就做不掩盖试验。

陆士杰（1985）研究了 5 ~ 11 岁藏汉儿童长度概念的稳定性。试验步骤如下：①让被试自己挑选三根等长的保险丝，经被试确认等长后，当着被试的面将其中两根改变形状，请被试回答这三根保险丝是否一样长（用手指或铅笔沿保险丝比画一遍，示意被试比较三根保险丝本身的长度），如通不过，接着做下一步。② 语言启发。主试问被试：“看起来它们不一样长（或你看不出来是否一样长），但你仔细想一想，它们应该是一样长还是不一样长？”如通不过，接着做下一步。③ 表象启发。主试问被试：“你刚才看到的三根铁丝本来是一样长的，现在我把它们（指其中两根）弯了一下，它们三根是否还一样长?”如通不过，接着做下一步。④ 动作启发。令被试操作，进行实际比试后回答是否一样长。语言启发、表象启发和动作启发这三种启发方式，可以用于启发式教学。

（二）面积概念

李文馥和刘范（1983）研究了5～13岁儿童对面积相等的理解，如图1-3所示。让儿童判别标准卡和比较卡同时减去内部被占去的面积后，剩余面积是否相等。Ⅰ组中比较卡的被占面积为整体图形，有两个放的方位不同，另两个是颜色（蓝色代表水）或内容（画成房屋）不同，其用意是研究方位和情景对儿童判别的影响。Ⅱ组被占面积的颜色与标准卡一样，都是粉红色（代表花坛），按二、三、四、八份平均分割开，以考察数量因素的作用；分割后的各扇形按角全向着中心、弧对着中心、随意排列三种方位，试图了解排列方式与儿童判别面积的关系。此外还有几个非等分的切割圆图形，以探查形式因素对儿童判别的影响特点。

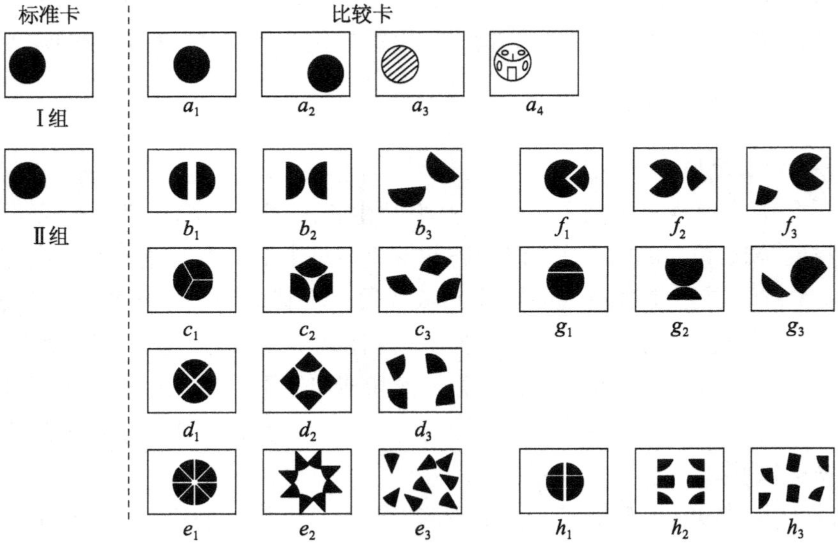

图1-3 实验用的图片

（三）容积概念

沈家鲜和刘范（1984）研究了5～17岁儿童和青少年容积概念的发展。研究采取个别测试的方法，将有关容积概念的题目按难易分成三个层次向儿童呈现，先呈现较难的层次，通过即不再做，通不过则做下面较易的层次，看儿童通过哪一个层次，在该层次上理解到什么程度。层次一：言语 + 图解。层次二：实物 + 表象。用实物代替图，但棒并不真正插入水中，而是在容器边上比画，如通不过则降低为实物演示层次。层次三：实物演示，内容方法同上，只是将棒直接插入水中演示。

三、概率概念的发展

张增杰和刘范（1985）研究了 5 ~ 15 岁儿童对概率概念的掌握情况。以 1/2 概率为例介绍实验程序。

第一步，事件的可能性与小球的随机分布问题。解题方式包括：① 独立解答。主试按要求从袋中红、绿两小球中取出一个握在手中（被试看不到），问被试“我摸出的一个小球可能是什么颜色的？有几种可能？”（可重复，直至被试理解），如被试答不对（或不全对），就换方式②。② 言语启发。例如，若被试只说出一种可能，就问“还有没有别的可能？”或“有没有可能是别的颜色？”如仍不能通过，则按方式③进行。③ 图片启发。将绘有两种颜色小球各一的图片，让被试看着（也可转动）思考作答。如仍不能通过，则换方式④。④ 实物操作（启发）。将袋中两个小球都倒出，让被试随意把弄，思考作答。上述各种方式下都要求被试说明理由。

第二步，随机分布条件下的机遇问题。问被试“摸到红球的可能性（或碰上拿红球的机会）和绿球的可能性（机会）是一样大，还是不一样大？”如被试回答“不一样大”，就问“哪个大”，不论答案如何，都要求说明理由。如果回答不对或不全对，就依次采用言语启发、图片启发、实物启发进行试验。

第三步，概率概念问题。问“如果我摸出一个，又放回去，再摸，再放回去，和匀，这样重复许多次，那么摸红球的可能性（机会）占几分之几？摸绿球的可能性（机会）占几分之几？”（对于未学过分数的被试，则问共摸多少次，各种可能性（机会）占多少次；对于已经学过百分数的被试，则问占百分之几）。如果回答不对或不全对，就依次采用言语启发、图片启发、实物启发进行试验。

第三节　数学概念的变式教学

一、变式教学的由来

20 世纪上半叶，苏联心理学家在几何教学心理研究的基础上，提出“变式”这一概念。他们研究发现，在那些只利用标准图形的学校里，许多学生不认识已经学过的而位置不标准的图形（变式图形）。因此，他们提出图形的变式原则，即变式图形促进学生形成空间表象和几何概念。他们通过教学试验证明，采用变式图形进行教学，多数情况下能获得良好的效果。

20 世纪 60 年代，卢仲衡和茅于燕（1961）研究表明，学生在学习几何概念时，采用标准图形教学所产生的消极影响十分严重。绝大部分学生在学完基本概念后，都是按照标准图形的空间位置作图，并且把任意图形化成特殊化的图形。

1977 年起，顾泠沅在上海市青浦县主持数学教学改革试验，进行了有关变式训练的教学试验。结果表明，采用变式图形训练后，学生对涉及复杂图形的题目解题能力有了非常显著的提高（顾泠沅，1982）。

二、概念变式的类型

顾泠沅等（2007）提出的概念变式如下：

（1）通过直观或具体的变式引入概念：① 通过日常生活中的直观材料组织已有的感性经验，使学生理解概念的具体含义；② 将不同图形的变式作为直观材料和抽象概念之间的过渡。

（2）通过非标准形式突出概念的本质属性（非标准正例）。通过变换概念的非本质属性，突出其本质属性。例如，三角形的高的概念。

（3）非概念变式（反例）。反例是指缺乏一个或多个概念相关属性的例子。例如，平行四边形是三角形的反例。

李善良（2006）提出的概念变式类型，大致可分为概念本身形式的变化和概念的背景及环境的变化两大类型。

概念本身形式的变化主要体现在数学概念的数量关系侧面的非本质属性的变化上，包括：① 特殊化，即对概念属性中的有关数量、位置取特殊值、特殊点。例如，“圆的直径是否为圆的弦”就反映了概念的非本质特征的数量侧面的特殊化。② 一般化，即把概念的有关数量、位置等形式推广到一般情形。因式分解、绝对值、方程、角等概念在初学时的范围都很窄；等到一定阶段，它们的范围发生了变化，这些概念也就发生了变化。③ 形式的“残缺”。与原型或标准型相比，概念的许多肯定例证会出现形式上的“残缺”。例如，$x^2+1=0$ 为一元二次方程就具有这种性质。

概念的背景及环境的变化主要表现在概念的空间形式、物理性质，以及与概念相联系的其他概念的变化上，具体包括：① 物理性质变化。概念多从日常实例引出，因而日常实例中的物理变化也构成概念的变式。例如，黑板的上下两边、木门、铁门的框等与平行线的概念相连。② 空间形式变化。概念的空间形式变化包括概念所反映的图形的位置、大小的改变。例如，三角形的高的概念、弦切角的概念等。③ 背景复杂变化。每个数学概念都是由其他概念来定义的，且都是在一定背景中出现的，这些概念与其他概念联系的复杂化，也构成所定义概念的变式，例如，$(m^2+1)x^2+2x+3=0$ 是否为一元二次方程的变式。

三、概念变式的操作性定义

如表1-1所示，以"三角形的高"为例研究概念变式的操作性定义（郭建鹏，2007）。"三角形的高"有两个相关属性（顶点和垂直）和至少两个无关属性（位置和倾斜度），每个属性都有两个不同的值。顶点这个相关属性包括经过顶点（值①）和不经过顶点（值②），垂直这个相关属性包括垂直于对边的直线（值①）和不垂直于对边所在的直线（值②）。对于无关属性的位置和倾斜度也分为两种取值（类型）：根据无关属性构造变式类型和根据无关属性构造正例与反例。

表1-1　三角形高的相关属性与无关属性

属性＼值		值①	值②
相关属性	① 顶点	经过顶点	不经过顶点
	② 垂直	垂直于对边所在的直线	不垂直于对边所在的直线
无关属性	① 位置	在三角形内	在三角形外
	② 倾斜度	垂直于水平面	不垂直于水平面

四、正例与反例对概念学习的影响

（一）定义

正例，又称为肯定例证，主要是反映概念的本质属性，是概念所在类别中的成员。在数学概念教学中，正例主要体现为原型和非标准正例两种类型。反例，是否定例证的一种。总的来说，不属于概念类别的其他例子都是概念的否定例证。因此，不具有概念本质属性或只具有概念的部分本质属性的实例都是否定例证。能够说出概念的定义，不代表学生就真正理解了概念。为了确保学生是理解而不是记住了定义，必须看学生能否辨别正反例，或使用概念在新的情境中解决问题。

（二）正反例研究设计

早在 1933 年，斯默克（Smoke）就开始研究正反例在概念教学中的效果，研究主要探讨了正反例的呈现顺序、质量、数量等问题。正反例应该相互匹配，正例之间差异要大，由易到难呈现例子；正反例的呈现比例应该是 1∶1，例子的数量视具体情况而定（郭建鹏，2007）。

如图 1-4 所示，图形（1）、（2）是两个相互匹配的正反例，图形（3）、（4）也是两个相互匹配的正反例。图形（1）和（3）是差异大的两个正例，（1）和（3）中的虚线都具备了两个相关属性，即经过顶点并垂直于对边所在的直线，因此它们都是三角形 *ABC* 的高，但是它们的无关属性不同：一个在三角形内，一个在三角形外；一个垂直于水平面，一个不垂直于水平面。因此，这两个正例差异大。就难度而言，图形（1）的难度要明显小于图形（3），即学生更容易识别出图形（1）中的虚线是三角形 *ABC* 的高。（郭建鹏，2007）

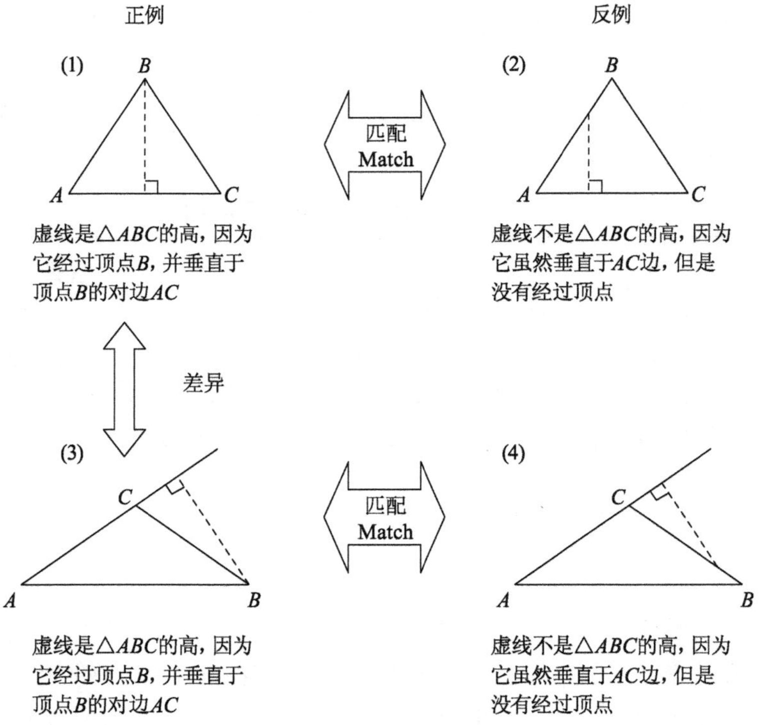

图 1-4　三角形高的正反例

（三）正例与反例对数学概念学习的影响

李善良（2005）认为，正例与反例对数学概念学习的影响表现在如下三个方面：

（1）在概念形成的初始阶段，正例有利于建立概念，反例有利于辨别概念。

（2）在概念形成过程中，正例有利于“丰富”概念，反例有利于“纯洁”概念。在概念意象的建立、定义的描述、原型的确定过程中，正例都发挥着重要的作用。原型就是典型与标准的肯定例证，意象就是肯定例证的表征，定义就是对肯定例证的本质属性的抽取。总之，在数学概念学习的过程中，正例起到不断丰富概念的本质属性的作用，这种作用在学习的起始阶段是非常明显的，但达到某一阶段便趋于平缓。而反例一开始就潜在发挥着净化的作用，且随着概念的形成，这种作用会愈来愈重要。对概念的理解水平与程度，往往依赖于反例的作用发挥。

（3）在数学概念的深化阶段，反例的运用形式主要有两种：一是判定所给的例子是否是概念，二是举出不合概念某种属性的例子。举反例比判别反例困难。

李善良（2006）认为，原型对数学概念学习的影响有两个方面。一方面，原型有利于概念本质属性的确立。在学习之初，原型有利于概念本质属性的确立。正因为原型的标准性与典型性，它可以充分揭示概念的本质特征，并且能恰当地建立概念正确、典型的“表象”。这时原型具有直观性、示范性。另一方面，原型也阻碍学生数学概念的学习，容易使其形成定势、僵化的认识，容易把最为“丰富”的原型的所有特征都当作本质特征，从而造成“标准的、完美的、完整的”形象，而忽视概念的本质属性。在对 951 名学生的调查中：他们认为五年级以上的内容都是由概念原型组成的。当新的情境中的数学概念具有原型标准形式时，他们很快就能识别；而当新的情境中的概念是与原型距离较远的变式时，他们便要花很长时间，或者出现错误的判断。在对学生的调查中发现，概念距离“中心”愈远，学生的判断时间愈长，错误率也愈高。在研究中，观察到学生有两套概念系统：一是定义的表述，当教师提问时，他们能流利地背诵出概念的定义给老师听；二是自我的表述，主要以原型为主。当学生运用概念时，大量的观察表明：学生所运用的数学概念往往与背诵的概念定义都不沾边。

李善良（2006）认为，变式对概念学习的影响表现在两个方面。其一是变式可以帮助学习者改变现实的“原型”思维模式，抓住概念的本质属性，透彻理解概念。其二是变式对概念学习也有限制作用。变式中的无关特征增多，特殊化成分增多，本质特征就比较隐蔽，不如原型那么明显、典型和标准。但在数学概念学习中，原型和变式不可以分离。原型可以揭示概念的本质属性，变式可以加深对概念本质属性的认识，清晰分辨概念的本质属性与非本质属性。这两种形式相互作用，共同促进数学概念的学习与运用。没有变式的“干扰”，原型中的许多无关特征就不能被剥夺，本质特征就不能真正显现。而没有原型的建构，变式中的“中心形象”就不能树立，概念便失去表象，其本质特征便失去依托，变成空洞的符号。

第四节　数学概念的变异教学

一、变异理论的三要素

变异（“异”同“易”，编者注）理论是瑞典著名教育家马飞龙（Marton）教授在20世纪90年代提出的、在国际上相当有影响力的一种学习理论，已经被许多研究证明其对课堂教学是十分有效的。变异理论认为学习源于变异，变异（variation）、审辨（discernment）和同时性（simultaneity）是变异理论的三要素。根据变异理论，认识的发生需要在同一时间审辨和注意事物的相关属性（本质属性），而如果没有经验这些不同维度属性的变异，是不可能审辨出相关属性的。审辨就必须发生经验变异，当现象的某些属性变化而某些属性不变时，这些变化的属性就会被辨别出来。没有审辨就没有学习，学习就意味着能够辨别出现象的相关属性，而这个属性是学习者之前没有注意到或视为理所应当的。也就是说，审辨是学习的关键因素，而变异又是审辨的关键因素，变与不变的类型规定了学习的可能性。而所谓同时性，是指学习者要在同一时间注意审辨出各个相关属性，在意识中同时把这些属性联系起来才能认识某个现象（郭建鹏，2007）。

二、变异教学的步骤

从立新（2013）提出了在变异理论指导下应采取的教学步骤：

（1）聚焦概念：本课要求学生掌握的核心概念是什么？如果不止一个，那么哪个是最基础的概念？基础概念与其余概念的关系如何？

（2）厘清属性：掌握这个概念的关键是什么？本质属性是什么？本质属性有几个？在教学中应该如何呈现和介绍这些本质属性？必须认识哪几个属性？如何保证覆盖这些属性？哪个属性理解起来比较困难？需要强调什么，解释什么，设计什么教学情境（活动）？

（3）整理错误：反思过去的教学经验，学生在学习这一概念时经常性的错误有哪些（误解、模糊、印象不深等）？这些错误反映了他们在概念掌握上有哪些漏洞？学生的错误与概念的基本属性之间存在怎样的联系？

（4）组织正例：用什么样的例子帮助学生理解这个概念？采用的例子是否覆盖了这个概念的基本属性？除了标准正例，还应该丰富例子的变化形式，扩充一些非标准正例。

（5）运用反例：根据概念的本质属性，再次审视准备的例子，看是否既有正例、又有反例。借助反例，形成正确与错误的对比，强化概念的本质属性。

三、变异教学的四种变异策略

（一）四种变异策略

以“分数的初步认识”为例，概述变异教学的四种策略（陈红兵，2013）。

（1）分离（separation）：要识别某一变异维度，就需要使该维度变化而其他维度保持不变。例如，列举一系列分数，保持分子不变，不断变化分母。

（2）类合（generalization）：如果要识别某一变异维度，则需要在其他维度变化时保持这个变异维度不变。例如，通过把比萨饼、西瓜等各种不同的物体分为两份的多种情境，使得学生看到在不同情境中不变的是平分两份取一份，从而理解 1/2 的意义。

（3）对比（contrast）：要识别某个特征，就需要同时感受与其相对的其他特征。例如，将不等分比萨与等分比萨的情况进行对比，突出了“平均分”的意义，使学生识别分数中“平均分”这一关键属性。

（4）融合（fusion）：要理解两个维度同时变化，就需要学生历经它们同时变化。例如，同时变化分母与分子。

在教学中，教师须根据学习目标、学习内容和学生经验，选择适当的变异方式，并安排适当的序列，不存在固定不变的组合和顺序。但是，研究结果表明，先采用分离、类合、对比方式，再采用融合方式，在教学中往往非常有效。

（二）概念“比”的变异设计

以“比”的概念教学为例，例示变异设计（陈红兵，2013），如图 1-5 所示。

1. 分离策略

实例 1：下面各图是将世博会中国馆的图片（长方形）放大还是缩小得到的？哪些图片的形状与原图保持一致？探究：长与宽的变化与长方形形状的关

系。结论：长 ÷ 宽 = 倍数，表示形状。

实例 2：哪家店的苹果便宜？总价 ÷ 数量 = 单价，单价表示贵贱。

实例 3：谁走得更快？路程 ÷ 时间 = 速度，速度表示快慢。这是概念形成的讲解方法。

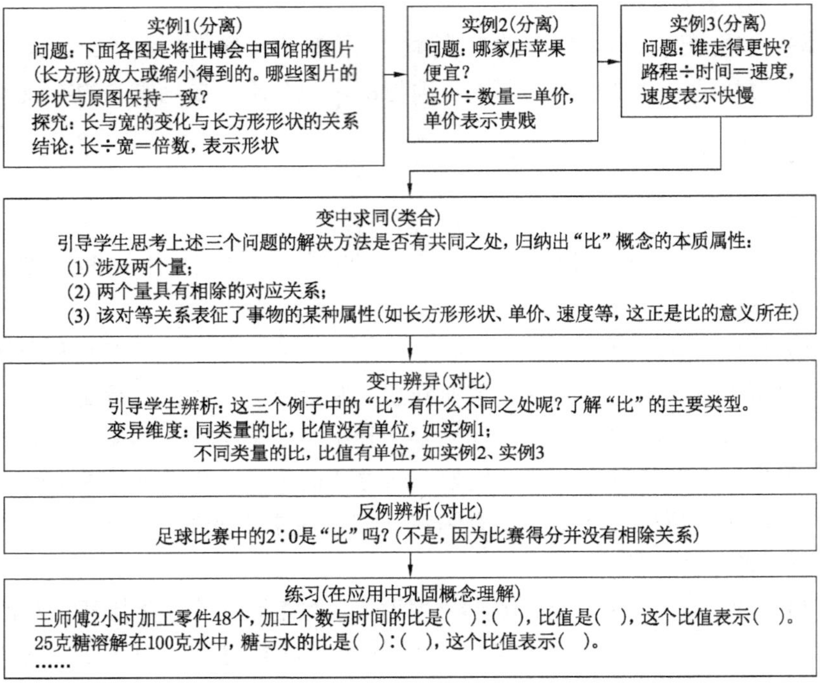

图 1-5　“比”概念教学过程的序列图

2. 类合策略（变中求同）

引导学生思考上述三个问题的解决方法是否有共同之处，归纳出“比”概念的本质属性：① 涉及两个数；② 两个量具有相除的关系；③ 该关系表征了事物的某种属性（如长方形形状、单价、速度等，这正是“比”的意义所在）。

3. 对比策略（反例辨析）

足球比赛中的 2∶0 是比吗？（不是，因为比赛得分并没有相除的关系）。

分离策略中还可以使用其他一些例子，例如，男女性别比、师生比、不同职业的收入比、黄金分割比、心理健康者与不健康者的人数比、头占身体的长度比、比例尺、汇率、相似比、文言文与现代文篇数比、外国文学与中国文学篇数比、三个数据之比、小数之比、雾霾天与非雾霾天天数之比、雨天与晴天天数之比、文盲与非文盲人数之比、某种疾病的患病人数比例、近视的人数与非近视的人数比、中药配方、营养早餐配比、合金问题配比、调色比例、液体混合配比。事实上，对百分数问题与比的问题，可以创设许多相似的情境，要考虑比的现实意义。

陈红兵（2014）认为，对比策略是变中辨异；类合策略即概括，是变中求同；分离是在对比和类合基础上，形成认识某种新的关键属性；融合是将上述几种策略结合使用。马飞龙强调，对比策略（反例）是最基本的和最重要的，尤其对于新经验，对比变异是类合变异的基础。

四、变异教学与变式教学

陈红兵（2013）认为，变式教学与变异教学的相同点与不同点分别如下：

（一）相同点

1. 关注对象基本一致

两个理论都关注认知领域的学与教规律，以促进学习者对事物的审辨、理解和知识运用为主要出发点。这为两者的对话提供了基本平台。

2. 核心观点和概念一致

两个理论核心概念的英文为 variation，翻译为中文后，分别是变式与变异，意义最初有所区别。变式原本是指改变非本质属性的形式，其外延较窄，反例不在变式之列，然而，顾泠沅在概念性变式体系中加入了“非概念变式”，也将反例包含其中，可见，变式与变异在实际运用中内涵已基本一致，均表示“变化”和“使之不同”的意义。

3. 注重实证和实践探索

研究者在对变式理论的探讨中，从论证变式图形的作用，到变式策略的提出，再到变式理论的形成，开展了许多相关的实践探索和试验研究。相似地，变异理论在各发展阶段积累了扎实的实证研究成果：首先通过描述研究和质性分析，明确了研究对象和基本假设；再通过课堂教学的相关性分析和改善教学的干预性实验来验证假设，并形成变异理论的基本理论框架。

（二）不同点

1. 研究路径有别

变式理论的缘起是数学几何教学中的特定问题，从变式图形→几何概念→概念教学→数学教学，逐渐将教学策略和模式推演到较大的范畴，研究对象和规律向一般化的方向逐渐推进。变异理论总体上则是遵循从一般到具体的路径，提出学习过程机制的理论假设，随后通过实证研究，使变异理论得到逐步验证和完善，进而不断探索变异理论指导下的教学策略，最终走向具体教学实践。

2. 理论概括面不同

变异理论基本上涉及学习本质探讨的各个基本问题，对于学习内容与结果（审辨事物关键属性的能力）、学习过程与机制（经验变异），以及教学原则与策略（系统运用变异与范式）都给予了论述和分析。马飞龙还提出了变异理论的迁移观，强调学习情境的共性与差异都是迁移的重要条件。可以说，变异理论是一个比较完整的学习理论。相比之下，变式理论探讨的问题比较单纯，它主要在教学策略层面进行研究和归纳，是一种教学理论。

3. 教学策略的涵盖面和精细化程度不同

就涵盖面来说，变异理论提出的教学策略较为宏观，比如“系统的变与不变”“四种变异范式”等，对于教学内容和知识类型没有特别限定。而变式理论中的策略主要用于数学和理科的概念教学。从精细化和操作性来看，变式理论形成了比较细致的策略体系，与概念教学过程结合紧密，操作性很强，有利于教师在教学中运用。

总之，变异理论对学习本质的关注和包容性，拓展了变式理论的视野，加强了理论支撑；而变式理论的精细性和可操作性，也为变异理论勾画出可借鉴的走向实践的路径，有助于提高教学策略体系的功能性。

第五节　分数和等值分数概念的学习

一、分数概念的学习

（一）分数的定义

1. 份数的定义

现在教材普遍采用份数的定义，它直观、易懂，强调了平均分，不仅可以分一个物体，还可以分一群物体。但学生常常误以为分数总小于1，由于直观图形的思维定式，不能选择适当的单位，因此容易形成思维僵化。例如，将圆平均分成4份，其中一份是阴影部分，问在图中看到哪些分数？调查结果显示，看到1/4的学生占94.83%，看到3/4的学生占33.62%，看到1/3的学生只有9.48%，因此，份数的定义可以作为学习分数定义的起点，但不宜过分强调，应该向更抽象的商的定义转移（张奠宙，2010）。

2. 商的定义

分数是整数 q 除以整数 p（$p\neq0$）所得的商。在过渡到分数的商定义时，在数字线上对分数做几何解释是非常重要的（0、1/4、1/2、3/4、1）。这是一个半抽象的模型，线性模型是圆模型和其他平面模型的“再抽象”，可以充当分数的“份数模型”向“除法的商”定义过渡的几何载体：线段长度表示分数的大小，而分数是填在自然数之间的“新”数（张奠宙，2010）。由于生活中学生对小数的经验远比分数要多，例如，货币中的元、角、分，长度中的米、分米、厘米，实际使用的都是小数，因此，就生活经验来说，小数似乎更基本，应该先学（张奠宙，2007）。小数容易懂，分数较难，用小数的思想帮助理解分数是符合认识规律的（张奠宙，2014）。

3. 比的定义

分数是两个整数的比（值）。分数的“比”的定义，仍然是“一部分与另一部分之比”，另一部分既可以是整体，也可以是部分。因此，教师在讲“比和比例”时，可以引导学生对分数进行再认识，即分数可以是假分数（张奠宙，2010）。

（二）分数概念难理解的原因

张奠宙（2010）调查表明，在学习完分数后，小学 3 ~ 6 年级有 94.83% 的学生能理解表示“份数”的分数定义，却只有不到 10% 的学生能理解分数也有“比”的意义，对于分数其他意义的理解情况也不容乐观。

张勤琼（2016）认为，分数之所以成为学生学习的“难点”，其原因各不相同：分数在日常生活中应用较少，不如自然数那么容易描述；分数的书写格式比较复杂；分数在数字线上不容易排列大小；分数的算法有很多法则，这些法则比自然数的法则要复杂；等等。

辛自强（2012）认为，分数概念难以理解，这主要是由于分数概念较为抽象，且有多种理解方式。分数并非是可以通过计数活动得到的一个数，而是一个代表了两个量关系的相对量。Kieren 认为，分数概念有部分-整体（份数，笔者注）、比、商、测量和算子五种理解方式。

（1）部分-整体（份数）。分数可以理解为表示部分与整体之间分割关系的数，分数 a/b 表示把一个整体量平均分成 b 份，选出其中的 a 份。确定整体量、判断等分、认识部分与整体之间的包含与补偿关系（份数越多，每份越少）是理解分数的部分-整体含义的关键。

（2）测量。a/b 表示以 $1/b$ 为单位，所测的量包含了 a 个这样的单位，$1/b$ 称为单位分数，部分-整体里的单位量是指整体，它一定大于部分，而测量含义里的单位仅仅是一个给定的量，可能大于或小于所测对象。

（3）比。a/b 表示 a、b 两个量之间的正比关系及其比值，与包含关系不同的是，比例关系中的两个量无须必然有相同的量纲。例如，路程与时间是两个不同量纲的量，它们之比并不意味着路程中包含时间。分数的量是由两个量的关系决定的，而不是取决于单个量的大小。

（4）商。a/b 表示两个量之间的除法运算关系及其结果。对于小学阶段的儿童来说，分数的商含义主要体现在分数的算术运算中，以及分数向小数的转化中。

（5）算子。a/b 表示一个算子，算子可以看作是将一个集合转化为另外一个集合的变换方法。例如，它可以表示将一个图形转化为 a/b 倍的一个相似图形，或者将一个集合转化为有 a/b 倍元素的另一个集合。这种变换可以视为将一个特定的量先扩展 a 倍，然后压缩 b 倍的操作。

（三）分数的数量表征

分数的数量表征有三种：（1）成分表征。人们在对分数进行数量表征时，习惯以离散量（分母或分子）的方式表征分数，即成分表征。（2）整体表征。个体能直接表征分数的值，即整体表征。（3）混合表征。人们在对分数进行表征时进行了混合表征，也就是说，人们会根据任务要求，灵活采取成分表征或整体表征（孙玉，司继伟，2016）。

Siegler 等（2011）研究表明，研究分数表征的任务有数量比较任务和数量估计任务。在数量比较任务中，被试需要判断呈现的两个数字中哪个大，或者比较所呈现的数字与某一固定数字的大小；被比较的两个数字间数值差异越大，被试的反应越快、正确率越高，这一现象称为距离效应。距离效应越小，说明数量表征越准确。数字线的数量估计任务通常包括数字-位置任务（简称 NP 任务）和位置-数字任务（简称 PN 任务）两种形式。在 NP 任务中，要求被试判断某个数在一条标有起始点的线段上的位置；而在 PN 任务中，则要求被试估计在一条标有起始点的线段上的某条竖线所代表的数值，被试需将呈现的数字转换成内在的数量表征。因此，通过数量估计任务，主试能直接地测量个体的数量表征及其发展状况。研究发现，八年级学生比六年级学生的分数数量表征更精确。

（四）分数认识的视频教学

小学数学特级教师张齐华老师视频讲解有关变式的部分：（1）原型。使用 1/2 作为分数原型。（2）分母变化。让学生用纸折出 1/4、1/8、1/6、1/3，让分数的分母变化。（3）单位 1 变化。不同图形的 1/4 为什么不一样大呢？利用长方形、正方形和圆，都分割成四等份，每一份都占整体的 1/4，但每 1/4 为什么不相等呢？这突出了分数的单位“1”。（4）情境变化。下面的画面使你联想到几分之一？① 法国国旗（1/3）。② 五角星（1/5）。③ 巧克力（1/

8、1/4、1/2）。④ 黑板报（1/4），科学园地大约占黑板报的几分之几？艺术园地大约占黑板报的几分之几？⑤ 头是人体的几分之一（老师、1 周岁幼儿、10 岁左右儿童）（用线段图展示）？（5）反例。三角形中位线所分割成的两部分，梯形的中位线所分割成的两部分，每一部分都不是整体的 1/2，因为没有平均分；将反例与正例混合呈现，说明不是任意分割成两份，其中一份就是整体的 1/2。

小学数学特级教师华应龙老师视频讲解有关变式的部分：（1）原型。使用 3/4 作为分数的原型，避免分数的分子都是 1 的情形。（2）分子变化。对于圆分成 4 等份后可以把 3 份或 1 份变成阴影部分：对于 3 份是阴影的部分来说，阴影部分占整体的 3/4；对于 1 份变成阴影的图形来说，非阴影部分占整体的 3/4。（3）单位 1 变化。① 把圆、长方形、线段平均分成四等份。② 让学生用不同形状的纸张表示 3/4。（4）反例。表征 3/4 的不同方式，教师选择现在和以前学生的作品（实物投影），展示易犯的错误——未平均分。

（五）分数意义的视频教学

付晓波老师视频讲解有关变式的部分。（1）教育部和卫生部最近联合调查显示，小学生的近视率达 2/9；洛阳牡丹品种的数量占全国的 2/3；全世界有 4/5 的人不喜欢战争。（2）4 根小棒、8 根小棒、12 根小棒都平均分成 4 等份，虽然总体数量不同，但都可以用 1/4 表示。（3）某人共有 12 块糖，① 拿走这些糖的 1/3；② 拿走剩下糖的 1/4；③ 拿走剩下糖的 1/2；④ 说一个分数，将剩下的糖全拿走；⑤ 从口袋中拿出 2 块糖，是口袋中糖的 1/5，问口袋中有几块糖？

小学数学特级教师张齐华老师视频讲解有关变式部分：（1）单位 1。用什么作单位 1 不重要，关键是把单位 1 平均分成几份，取其中的几份。可以这样提醒自己：我把（　）看作单位 1，平均分成（　）份，涂色表达了这样的（　）份。（2）单位 1 变化。分别表示 3、6、9 颗星的 1/3。全国小学生睡眠不足的占 2/3，小学生每天睡眠时间应占一天时间的 3/8。冰山在海面上的部分占全部的 1/20。

二、等值分数的学习

等值分数的一般形式为 $a/b = c/d$（b、$d \neq 0$），它是学习分数加减运算、分数比较、比例推理等知识的基础。Mcnamara（2010）发现，60% 的四年级学生和 51% 的六年级学生认为 10/12 是 5/6 的 2 倍。刘春晖（2010）和苏洪雨（2007）发现，五、六年级学生对等值分数运算规则掌握得较为熟练，而对其概念的理解较为生疏。

（一）等值分数的概念内涵

分数的等值有两重含义：一是表示两个量相等，比如一个饼的 1/2 和它的 2/4 一样多；二是表示两个量之间具有确定的比较关系，比如一份橙汁和两份水混合与两份橙汁和四份水混合后产生同样的味道。地图的比例尺、几何中的相似问题都会用到等值分数（韩玉蕾，2012）。

（二）等值分数概念理解困难的原因

关于儿童难以理解等值分数概念的原因，学者们从不同的角度进行研究，归纳起来，主要有两个因素：一是受个体思维发展水平的制约，未获得等值分数的运算思维是儿童不能理解其概念的根本原因（Kamii & Clark，1995）；二是等值分数的语义多样性，缺乏对等值分数的不同语义的认识也是他们不能掌握其概念的重要原因（Ni，2001）。

Kamii 等（1995）认为，等值分数的运算思维包括两个相关方面：乘法思维和守恒观念。乘法思维指表征某种情境的数量之间存在恒定的乘法关系，它是理解等值分数概念的关键（Smith，2005）。儿童从入学起，最先接受的是加法思维的教学，而乘法思维与加法思维有显著的不同，关系守恒是指在变化前后，事物间的比例关系保持不变。量的守恒包括不同难度的等值分数问题。同构的图形任务较为简单，Singer-Freeman（2001）发现，两个相同的比萨按同样的方式分割，其中一个平分成 4 份，另一个平分成 8 份，则儿童很容易知觉到 2/8 的比萨与 1/4 的比萨一样大。而非同构的图形任务较难，例如，将两个相同的长方形按不同的方式分割，一个沿对称轴等分为两个小长方形，另一个沿对角线等分为两个小三角形，要求儿童判断一个小长方形和一个小三角形的相对大小（韩玉蕾，2012）。

第六节　数学概念学习的干预研究

一、通过实物操作理解数学概念

在 Broaders 等（2007）的研究中，三、四年级学生被要求使用手势或不要使用手势，以及接受没有手势的教学后，对等式问题进行解答。试验 1 发现：与基线水平相比，使用手势的学生采用了更多正确的问题解决策略。试验 2 发现：与没有使用手势的学生相比，使用手势的学生在新测验中取得了更高的后测分数。Sherman 等（2009）为二年级学生提供有关如何解等式问题的符号教学或非符号教学。符号教学包含数字和数学符号（如 5 + 2 = 4 + ______），而非符号教学包含用天平表示等号等。结果显示：非符号组的儿童能够正确解决的问题是符号组的两倍多。后续研究表明：非符号组教学方式有助于符号问题的解决，学生能获得更好的成绩。

在 Brownell 等（1949）的研究中，三年级学生学习如何通过操作小棒或接受符号教学来解决两位数减法问题，研究表明，操作小棒组比接受符号教学的学生表现出更强的迁移能力。在 Lucow（1964）的研究中，三年级学生使用奎逊纳棒（Cuisenaire rods）解决问题（操作组）或接受传统教学（控制组）的方式学习乘除法，结果显示：操作组在随后的保持测验中的成绩优于控制组。

在 Moody 等（1971）的研究中，三年级学生通过放置糖果到洞穴中（操作组），或者接受传统教学（控制组）学习乘法。结果显示：操作组在随后的保持和迁移测验中的成绩与控制组之间不存在显著差异。在 Fennema（1972）的研究中，二年级学生通过使用奎逊纳棒，或者接受传统教学学习乘法。结果显示：符号组在随后的回忆和迁移测验中的成绩显著优于操作组。

在 Butler 等（2003）的研究中，数学学习困难的中学生通过接受图形—抽象顺序的教学（控制组），或者接受具体—图形—抽象顺序的教学（具体组）来学习分数。具体教学涉及使用分数圆、珠子、正方形来解分数题；图形教学涉及使用分数概念的图画；抽象教学涉及使用数字和符号解决问题。结果显示，具体组在随后材料的保持测验中的成绩普遍优于控制组。在 Martin 和 Schwartz（2005）的试验中，四年级学生通过操作瓷片和饼形图或画图的方式解决分数问题。试验表明：与使用图形表征相比，借助实体操作能更好地理解分数概念。

在 Olkun（2003）的研究中，四、五年级学生通过使用七巧板或基于计算机操作七巧板解决拼图问题的方式学习几何。控制组的学生不进行操作，继续参与常规课堂活动。结果显示：不管是使用哪种形式的操作解决拼图问题的学生，他们在随后的保持测验中的成绩均优于控制组。

二、通过虚拟操作来学习概念

在 Moreno 和 Mayer（1999）的研究中，六年级学生解决有理数加减法问题（如 4 - 5 = ______），一些学生通过在虚拟环境中移动数字线上的小兔子解决问题（操作组），而其他学生解决以符号形式呈现的问题（控制组）。结果显示：操作组在难题前后测之间的进步程度优于控制组。

Bouck（2010）使用虚拟操作来学习分数表征（图 1-6）。Loong（2014）

使用虚拟操作学习识别整体中的分数部分（图 1-7）、相同分数的不同表征（图 1-8）。

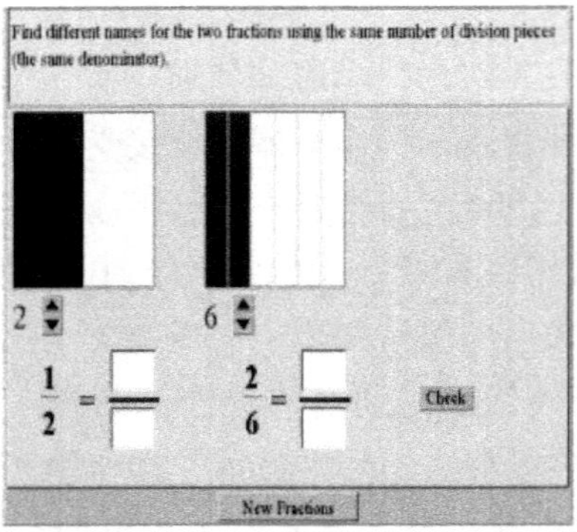

图 1-6　分数表征

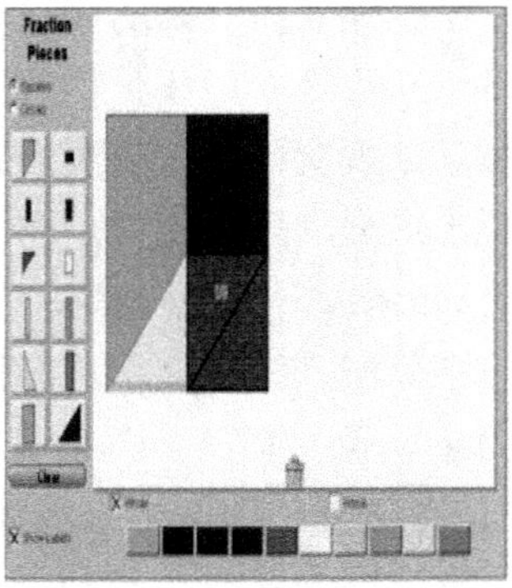

图 1-7　整体中的分数部分

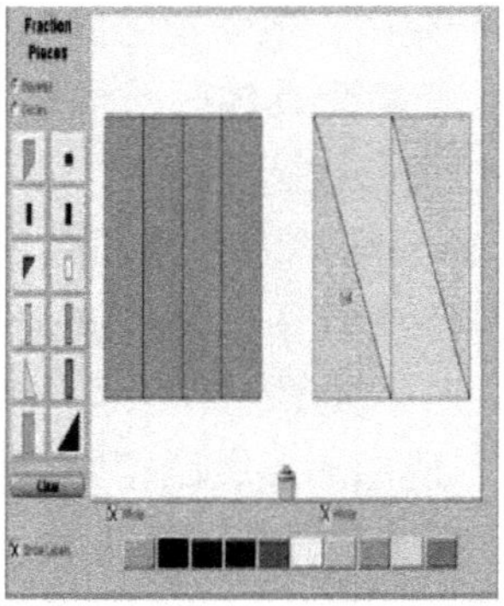

图 1-8　相同分数的不同表征

Bouck（2010）使用虚拟操作来学习周长和面积（图 1-9）。Loong（2014）采用虚拟操作学习周长和面积（图 1-10）。Bouck（2010）使用虚拟操作来学习组合（搭配）概念（图 1-11）。

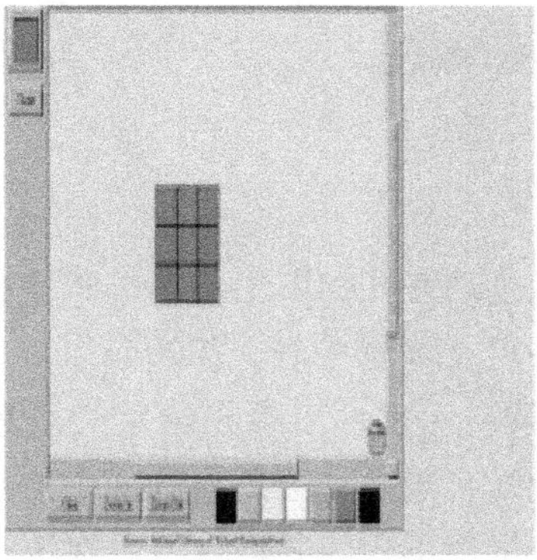

图 1-9　周长和面积（Bouck）

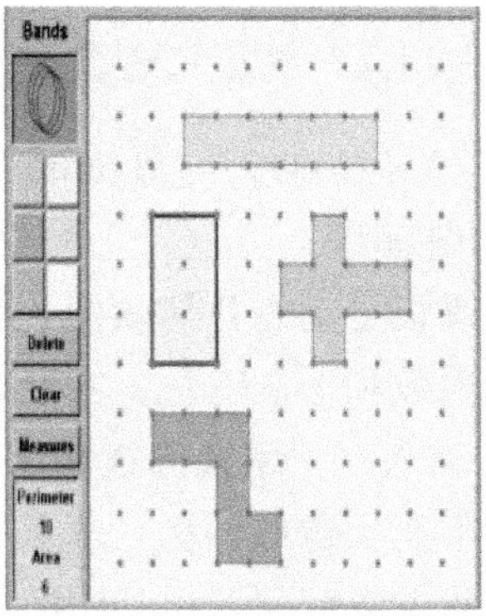

图 1-10　周长和面积（Loong）

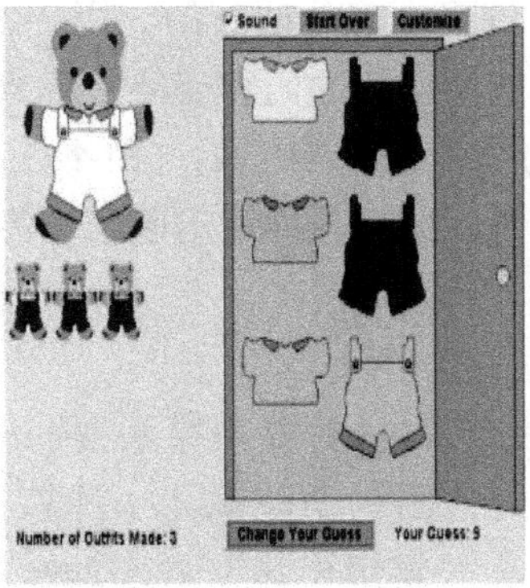

图 1-11　组合概念

Loong（2014）和 Bouck（2010）采用虚拟操作学习位值概念（图 1-12）。Loong（2014）采用虚拟操作学习分数等值（图 1-13）。

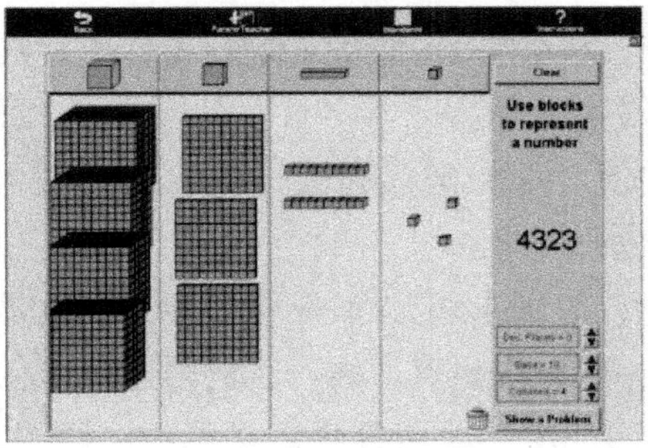

图 1-12　位值概念

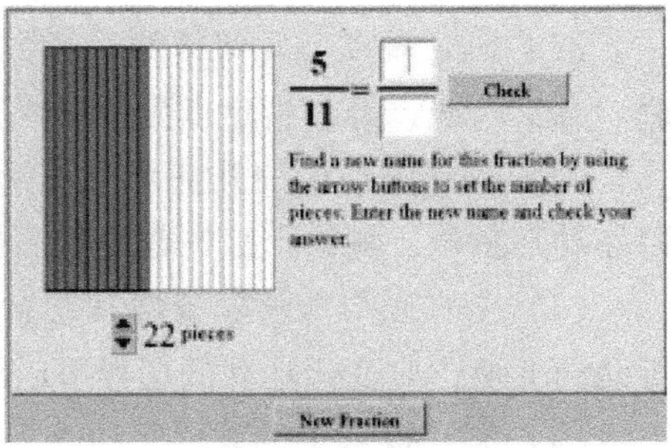

图 1-13　分数等值

三、使用几何画板和超级画板来学习数学概念

（一）几何画板与超级画板

1. 几何画板

几何画板是动态几何软件，基本功能是动态几何图形的制作和变换，能够动态地展现数和形的变化，主要有以下特点（张景中等，2010）：

（1）动态性。用鼠标拖动图形上的某一元素，而事先给定的所有几何关系都保持不变。譬如，作三角形的三条中线，当拖动三角形的某个顶点时，三角形的形状发生变化，但其中的几何性质保持不变，我们就可以在图形变化中观察到不变的规律：任意三角形的三条中线交于一点。

（2）直观性。数学中许多内容是抽象的，用传统教学方法很难解释清楚，而用几何画板制作动画，能使抽象的内容变得更形象、更直观。

（3）使用操作更多的是依靠数学知识，而不是计算机知识，而数学知识正是数学教师所擅长的，所以数学教师使用起来较为顺手，开发课件的速度比较快。

2. 超级画板

“超级画板”的全名是“Z+Z智能教育平台——超级画板”，“Z+Z”是“知识+智能”之意，是由中国科学院院士、计算机科学家张景中研制开发的。“超级”二字，则是从“超级市场”的名称借用过来的，是说“超级画板”功能强大，数学教师和学数学的同学用起来，想要的几乎是应有尽有，好像进了超级市场一样。超级画板的主要功能可以归纳成8个字，叫作“写画测变，编演推算”（张景中，2006）。

（1）写：写文本，写公式。

（2）画：画动态几何图形，函数图像、参数曲线和极坐标曲线、统计图表、圆锥曲线、经过指定点列的曲线，手写手画等。

（3）测：图形中的几何量、表达式的值、点的坐标和圆锥曲线的方程可以作动态测量，测量出来的数据随图形变化而变化。

（4）变：图形能够随条件和参数变化，对图形可以作平移、旋转、放缩等几何变换，对变化运动的图形可以跟踪，可以作出点、线、圆的轨迹。

（5）编：提供了编写程序和运行程序的环境，能用程序定义函数、画图、求导数。

（6）演：可在课堂上演示课件讲稿，边讲边写边算边画，如同电子白板软件。

（7）推：具有自动推理和三角公式交互推演的功能。

（8）算：提供 15 位有效数字的动态数值计算，以及大整数计算和符号计算。

（二）几何画板与超级画板在数学概念学习中的应用

1. 数的认识

如图 1-14 所示，使用几何画板画出 1、10、100、1000，这样就可以将数据直观显示出来（曹爱婷，2016）。

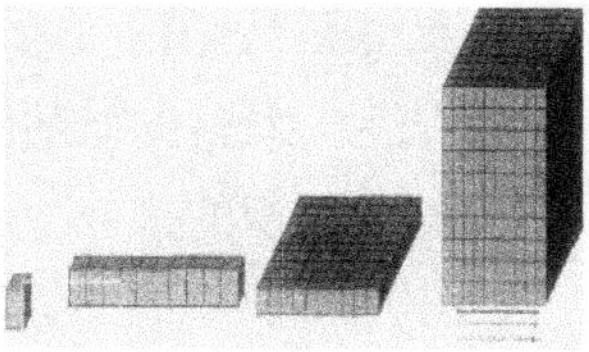

图 1-14 数的认识

2. 圆的认识

（1）圆的形成

如图 1-15 所示，在屏幕上确定一个点，带有箭头的线段表示到定点的距离，随着线段的旋转，就形成很多的点。这些点形成封闭的曲线就是圆。

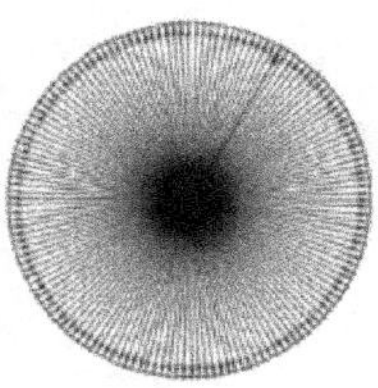

图 1-15 圆的形成

右击“动画”按钮，就看到“对象的属性”，在“动画运动的频率”里修改数值，数值越大频率越大，圆上的点数越多，所有点的集合构成了一个圆，只是点的疏密不同罢了。但是对于圆规作出的圆，学生就不容易理解它是由点构成的。

（2）圆周长和面积的计算

使用超级画板能够使得学生感受到圆内接正多边形边数逐渐增加时，内接正多边形与圆的关系。第一种方法：观察。当正多边形的边数为 3、4、5、6、10、20 时，正多边形的面积与圆的面积的关系。第二种方法：测量。在“对象”窗口双击“圆与正多边形（面积和周长）”文件夹，除了相同的演示过程，还可以通过具体数据体现正多边形与圆的接近程度。当 $r=1$ 时，圆的周长是 6. 283185，圆内接正十边形的周长为 6. 186116，圆的面积为 3. 141593，圆内接正十边形的面积为 2. 950149；圆内接正九十八边形的周长为 6. 282113，圆内接正九十八边形的面积为 3. 139448（唐彩斌，2017）。

（3）圆周率

如图 1-16 所示，在教圆周率和圆的周长时，传统的教学只能让学生动手量 3 ~ 5 次就向学生介绍圆周率的固定值，然而由于测量误差问题，每一次的比值都不一样，所以，只能死记硬背 π 的值。而利用几何画板，教师可以让学生动手操作。学生首先在几何画板上任意地画出一个圆，

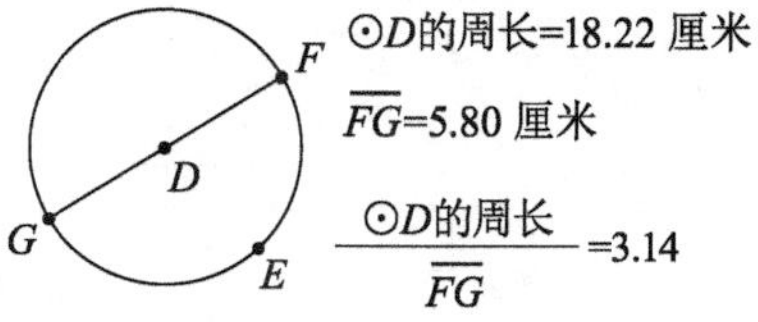

图 1-16 圆周率

然后通过几何画板的度量功能，计算出这个圆的周长和直径，再通过几何画板的计算功能，直接计算出它们的比值。此时，学生既可以在几何画板上随意地再画几个圆，验证圆的周长与直径的比值，也可以引导学生拖动圆上的动点，随着鼠标的拖动，圆的周长和直径也随之变化，然而，它们的比值并没有发生变化（曹爱婷，2016）。除了使用测量的方法求圆周率外，古代还采用“逼近”的方法，求出近似的圆周率。

（4）圆面积的推导

如图 1-17 所示，① 如果把圆平均分成 12 份，每一份都近似看成一个三角形，将这些三角形重新拼组，就可以把这个圆形近似转化成平行四边形；② 将圆平均分成 32 等份时，更近似于转化成平行四边形；③ 将圆平均分成 64 等份时，通过展开，合拼就可以把这个圆近似转化成长方形（曹爱婷，2016）。

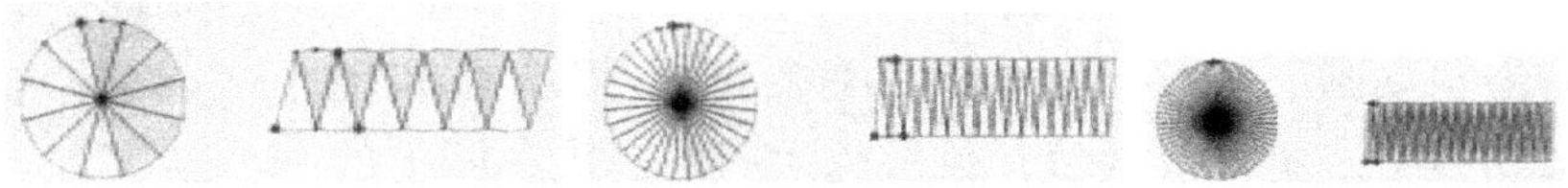

图 1-17　将圆平均分成 12、24、36 等份

3. 圆柱和圆锥

圆柱和圆锥是由平面图形的旋转得到的，学生理解起来比较困难。尽管教师可以演示旋转，但只能给学生留下一个短暂的直观印象，而使用超级画板可以留下旋转的痕迹，使学生加深直观印象。

4. 三角形

（1）三角形的高

如图 1-18 所示，使用几何画板画出锐角三角形 ABC，作 AB 边上的高，然后推动点 C，得到直角三角形和钝角三角形，就可以发现三角形的高可能在三角形内、与 BC 边重合、在三角形外（曹爱婷，2016）。

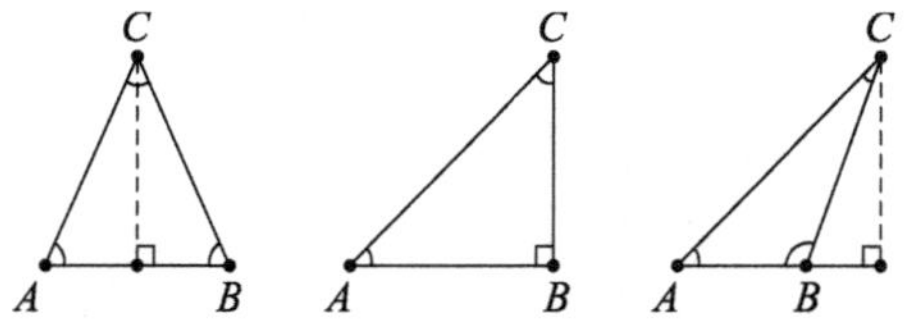

图 1-18　三角形的高

（2）三角形的中位线

传统教学中讲中位线，都是先作 AB、AC 的中点 E、F，然后连接 EF，最

后告诉学生，这就是中位线。使用信息技术，则可以让学生理解得更深入理解中位线的定义。先在底边 BC 上任取一点 D，跟踪 AD 的中点 E，作点 D 的动画，则可得到三角形 ABC 的一条中位线。这样让学生充分了解中位线的本质：底边上任意一点与顶点 A 的连线的中点都在中位线上。换句话说，中位线是由无数个中点 E 的集合构成的，传统教学所取的只是中点 E 连线的两个端点罢了（唐彩斌等，2010）。

第二章　数学规则的学习

数学规则包括数学运算、数学公式、数学法则和数学思想方法。

第一节　数学运算技能概述

数学运算技能既是人类日常生活中所必需的技能，也是进一步学习抽象数学知识的基础。在小学阶段，运算技能主要表现在对整数、小数、分数的四则运算及其混合运算，运算的准确性、敏捷性、灵活性，数和式的恒等变换上。学生对运算的理解水平表现为 3 个阶段：具体阶段、半具体阶段和抽象阶段。具体阶段采用实物操作解题，半具体阶段使用图形解题，抽象阶段使用数字解题（Mercer，2005）。

一、数学运算的程序性

数学运算技能是一种程序性知识。Anderson（1982）认为，在技能获得过程中，所有知识先以陈述性的形式出现，然后被转化成程序性形式。某个领域专家知识的特征之一就是知识的程序化。在学习开始阶段，学生记忆中保存着大量的陈述性知识，随着练习的增加，这些陈述性知识就转化为程序性知识，进而发展为自动化的运算技能。练习和反馈是促进运算技能自动化的重要手段。

Rittle-Johnson 等（2001）提出了程序性知识和概念性知识的交互作用模型。程序性知识和概念性知识不是以全或无的形式发展，而是双向的、互为因果的。一旦儿童发展了一种知识，就会促进另一种知识的发展，第二种知识的发展反过来促进第一种知识的发展。程序性知识和陈述性知识都有可能优先发展，这取决于儿童的最初经验，先接触哪种知识较多，哪种知识就优先发展。交互作用模型还强调，在程序性知识和概念性知识双向的发展中，一个重要的中介机制是提高问题表征（徐速，2006）。

Rittle-Johnson 等（2001）研究采用程序性教学和概念性教学对儿童解决等

式问题的影响。研究表明，两组儿童解决问题的能力都得到提高，但接受程序性教学的儿童，其概念性知识的提高是有限的，而接受概念性教学的儿童，其程序性知识得到有效提高。由此可见，程序性知识和概念性知识之间的相互作用并不总是完全对称的（徐速，2006）。

二、数学运算的思维品质

林崇德（1984）提出数学运算的思维品质，即运算思维的敏捷性、灵活性、深刻性和独创性，强调运算技能的算法和算理。思维敏捷性就是思维过程中的速度，表现在运算过程中就是正确迅速的运算能力。思维的灵活性是指思维活动中智力的灵活程度，表现在运算中包括：① 起点灵活，即从不同角度、不同方面，能用多种方法来解题；② 概括、迁移能力强，运用法则的自觉性高；③ 善于组合分析，伸缩性大。思维的深刻性，也叫逻辑性，这是思维活动抽象水平的体现，表现在运算中就是善于抓住事物的本质和规律，开展系统的理性活动。思维的独创性是指独立思考创造出有一定新颖性成分的智力品质，表现在运算过程中就是敢于除旧布新，创造性地解题的能力。

第二节 口算学习与教学

一、口算

对小学数学教学的研究，邱学华是从口算教学开始的，长达 30 多年。这项研究从设计口算表开始，到研究口算与笔算的相关，再到制定口算量表。

口算就是通常所说的心算，它是一种不借助于计算工具、不表达计算过程，而直接运用思维算出结果的一种计算方式（邱学华，2016）。笔算四则运算都能分解成一些口算进行运算。

义务教育数学课程标准（2011 版）对口算的要求是：能熟练地口算 20 以内的加减法和表内乘除法，能口算简单的百以内的加减法和一位数乘除两位数。评价时应注意把握尺度，对计算速度不作过高要求。

二、加法口诀

（一）缘起

邱学华（2012）解释了熟记加法口诀的原因，1979—1980 年期间，他在 16 个省、市、自治区对小学生的口算能力进行调查，研究发现，小学生 20 以内加减法的计算速度不如表内乘除法，2010 年调查的结果与之一致。另外，从笔算乘除法的计算错误中，也可以发现，乘法口诀一般不会记错，大多数错在 20 以内加减法上。按理说，20 以内的加减法简单，计算结果大多是一位数，书写方便；而表内乘除法复杂，计算结果大都是两位数，书写也费时，为什么表内乘除法的计算速度反而快？究其原因，主要是表内乘除法用口诀，学生看到两个数相乘（除）能立即反应出结果；而 20 以内加减法没有口诀，学生看到两个数相加（减）必须在头脑里有一个思考过程，于是反应就慢了。有了加法口诀，就把做加减法的思路同做乘除法的思路统一起来。用加法口诀做减法，想加做减；用乘除法口诀做除法，想乘做除。所以，熟记加法口诀，不但能解决进位加法的问题，连退位减法的难点也会迎刃而解，真是一箭双雕的好办法。

（二）加法口诀

如表 2-1 所示，加法口诀限于 20 以内的进位加法。因为 20 以内不进位加法涉及的数目较小，所以只需要掌握数的组成分解，再经过反复练习，即可达到熟练计算。20 以内进位加法口诀共 20 句（邱学华，2012）。加法口诀的写法，采用前面两个汉字是加数，后面阿拉伯数字表示和，这样可以分清哪个是加数，哪个是和。最后一句不用九九 18，而用两个九 18，这样既可同以后的乘法口诀区分开来，又记住了 4 句乘法口诀，可以减轻以后熟记乘法口诀的负担（邱学华，2015）。

表 2-1　20 以内进位加法口诀

九二 11	八三 11	七四 11	六五 11
九三 12	八四 12	七五 12	两个六 12
九四 13	八五 13	七六 13	
九五 14	八六 14	两个七 14	
九六 15	八七 15		
九七 16	两个八 16		
九八 17			
两个九 18			

（三）加法口诀同乘法口诀的区分

邱学华（2016）认为，加法口诀不会与乘法口诀混淆。因为：① 学 20 以内的加法，要时隔半年再学表内乘法。② 两者形式不同，加法口诀是大数在前小数在后（如九四 13）；乘法口诀是小数在前大数在后（如四九 36）。③ 两者的得数相差甚大（如八六 14，六八 48）。实验班中很少有学生把两者混淆起来。

（四）一年级学生背加法口诀是否会增加负担？

按照教科书的编排，20 句加法口诀是逐步出现的，教 9 加几时，出现 8 句 9 的加法口诀；教 8 加几时，出现 6 句 8 的加法口诀；教 7 加几时，出现 4 句 7 的加法口诀；教 6 加几时，出现 2 句 6 的加法口诀。最后再汇总起来背 20 句口诀，前后时间长达一个多月（邱学华，2015）。一年级学生在学习 20 以内的加减法时，随教学进度可逐步学会和应用加法口诀。其他年级学生花 1 小时，就能基本学会加法口诀。加法口诀和乘法口诀好比鸟的两个翅膀，因此，不会给学生增加太重的负担。

（五）熟记加法口诀的扑克牌游戏

取一副扑克牌，拿走 10、J、Q、K 四种牌，把大王、小王看作 0。两个人做游戏，洗牌后把牌放在中间，每人取 2 张牌，各自把 2 张牌的点数相加。例如，甲的牌为 8 和 6，乙的牌为 9 和 4，甲胜，把乙的牌吃掉。最后看谁的牌多，谁就是胜方（邱学华，2016）。

（六）实验研究

邱学华（2017）研究表明，一年级实验班学生（826 人）由于掌握了 20 以内加法口诀，计算能力显著超过普通班（843 人），计算速度提高 50% 左右，20 以内加法的计算速度提高了 39.9%。普通班做减法比做加法少做 8.5 题，而实验班仅相差 2.6 题，没有太大差异，因为用加法口诀做减法，同做加法的思维过程是一致的。三年级实验前普通班和实验班上 20 以内加减法的计算速度基本相同，都是 65 题左右。实验班补教了加法口诀后，计算速度比普通班快 30%，从 65 题增加到 89 题，普通班从 65 题增加到 69 题。三年级实验前实验班和普通班上一位数乘法的计算速度基本相同，都在 35 题左右；学生熟记了加法口诀后，提高了一位数乘法的计算速度和正确率，提高 20% 以上，实验班增加到 45.7 题，普通班增加到 37.2 题。

三、乘法口诀

早在 2500 多年前的春秋时代，已经有了齐国东野人献九九数给齐桓公的故事。从湖南省湘西州里耶古镇出土的战国简牍中，考古人员发现了乘法九九口诀。表内乘除法是笔算乘除法的基础，所以，熟练地掌握乘法口诀是学习乘除法的基础，可见乘法口诀在四则运算中的重要地位。

（一）乘法口诀的教学

邱学华（2017）总结出学习表内乘法的 7 种教学方法，最有趣的是下列 4 种方法：

1. 游戏化方法练习

（1）拍手代数游戏。

全班学生围成一圈，教师宣布从 1 开始依次报数，但 3 和它的倍数不报，用拍手来代替。如果有的学生报出了 3 和它的倍数，或不拍手，就请他表演节目。拍 3 游戏也可改为拍 4、拍 5 等。

（2）抢卡片游戏

把 45 句乘法口诀的得数写在卡片上，另外再做数字 1 ~9 九张卡片（或用扑克牌代替）。游戏时，把 45 张得数卡片放在桌面上，然后两人轮流抽数字卡片，一次抽 2 张。如抽“3”和“8”，则把桌上“24”的得数卡片“吃”进，最后看谁“吃”进的卡片多，谁就获胜。

2. 双手助记法

（1）适用于 9 的乘法口诀

练习时，举起双手，手心朝外，乘几就把从左到右第几个手指向前弯曲，以此为界，可得到结果；左边的手指数是十位，右边的手指数是个位数。如图 2-1 a 所示，对于 $9\times4=36$，从左至右第 4 个手指向前弯曲，左边 3 个手指表示 30，右边 6 个手指表示 6，所以，$9\times4=36$。

（2）适用于两个乘数都超过 5 的乘法

如计算 $6\times8=48$、$8\times8=64$、$7\times9=63$ 等，要用到加减法口算中介绍到的 $6=5+1$、$7=5+2$、$8=5+3$、$9=5+4$ 的分组方法。乘数是 6 伸出 1 个手指，乘数是 7 就伸出 2 个手指，乘数是 8 就伸出 3 个手指，乘数是 9 伸出 4 个手指。练习时，举起双手，手心朝外。如图 2-1 b 所示，左手伸出 1 个手指表示 6，右手伸出 3 个手指表示 8。两个伸出的手指数表示结果的十位数 4，双手握住的手指数相乘（4×2）表示结果的个位数，所以结果是 48。

3. 扑克牌游戏

从一副扑克牌取出 1 ~9 的牌，合计 36 张。游戏时，各取 2 张牌，看 2 张牌相乘的积，谁的积大，谁获胜。

4. 从默念口诀到脱离口诀

为了有意识地进行训练，教师可用“倒三角练习法”。该方法就是画一个倒立的三角形（如图 2-1 c 所示），3 个角上写上数，教师盖住任何一角，学生立即能反应出这个数，使相关的三个数——8、4、32 之间形成牢固的联系。

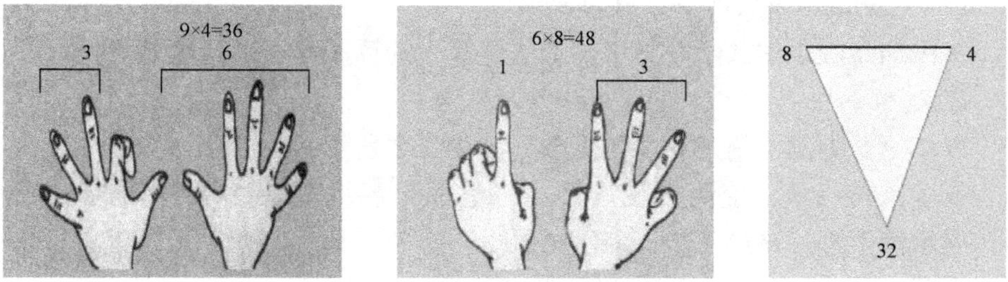

(a)　　(b)　　(c)

图 2-1　双手助记法

（二）乘法口诀的调查

黄荣良调查了学前儿童（211 人）、一年级小学生（324 人）、3～5 年级小学生（307 人）乘法口诀的掌握情况，结果发现学前儿童能完全背诵、部分背诵、一句也不会的分别占 1.4%、28%、70.6%；一年级小学生能完全背诵、部分背诵、一句也不会的分别占 3.1%、41%、55.9%；3～5 年级小学生能完全背诵、部分背诵、一句也不会的分别占 99.0%、0.7%、0.3%（张奠宙，2006）。

第三节　笔算学习与教学

一、加法

Fuson（1992）描述了儿童解决简单加法问题（例如，2+4=6）技能形成的四个阶段：第一阶段，数所有数（如先数 1、2，停顿一下，再数 3、4、5、6）；第二阶段，在一个数的基础上数数（如先数 2，然后数 3、4、5、6）；第三阶段，衍生事实（如“从 4 中拿出 1 给 2，我知道 3+3=6”）；第四阶段，已知事实（如已经记住“2+4=6”，无须计算）。

（一）错误类型

Mercer（2005）发现，笔算加法错误类型包括：① 将个位数和十位数简单相加，而未考虑位值，例如，83+67=1410；② 将所有的数字拆分并简单相加，而未考虑位值和运算法则，例如，67+31=17；③ 从左至右计算。

邱学华（2016）认为，进位加法是加法的难点，特别是连续进位，学生易发生错误。例如，789+567=1356，因此，为了防止类似错误，要把进位数先加到下一位的第一个数上。上式中，个位 9+7=16，把进位数 1 先加到十位数的第一个加数 8 上，1+8→9+6=15。

(二）美国加州版加法教材的设计

美国加州版小学数学教材中，加法运算中的算法与算理阐述如下：

1. 进位加法

以 27 +5 为例，阐述算法与算理（如图 2-2 所示）。

算法：第一步，使用直观教具（位值框）展示 27（20 +7）和 5；第二步，展示满十进一；第三步，展示结果。

算理：27 +5 =20 +7 +5 =20 +5 +2 +5 =30 +2 =32。

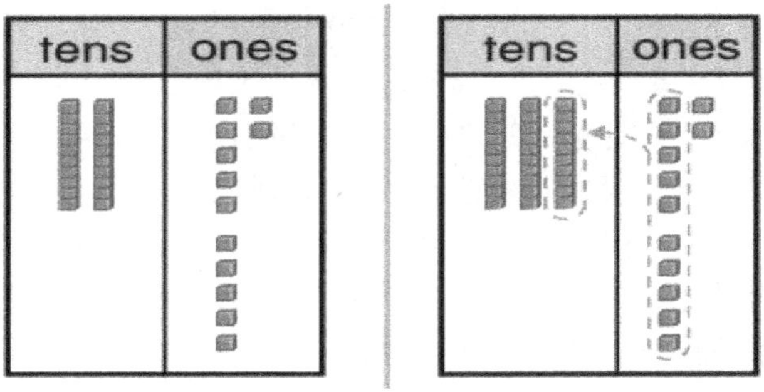

图 2-2　进位加法

2. 分数的加法

以 1/2 +1/5 为例，阐述异分母加法的算法与算理（如图 2-3 所示）。

算法：第一步，画出 1/2 和 1/5；第二步，为了计算异分母分数加法，把这两个分数用加法表示出来，但不知道和等于多少；第三步，尝试使用 1/6 度量 1/2 +1/5 的和，1/2 可以由 1/6 度量，但 1/5 不能由 1/6 度量，仍然不能表示出它们的和；第四步，若以 1/10 为单位，度量 1/2 +1/5 的和，1/2 可以由 5 个 1/10 来度量，1/5 可以由 2 个 1/10 来度量，即 1/2 +1/5 可以由 7 个 1/10 来度量，即 1/2 +1/5 =7/10。

算理：1/2 +1/5 =5/10 +2/10 =7/10。

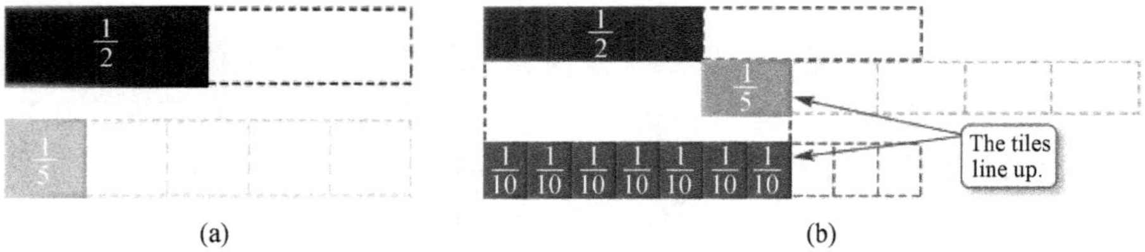

图 2-3　分数加法

二、减法

（一）错误类型

Mercer（2005）发现，笔算减法错误类型包括：① 不论数字的位置，一律用大数减去小数；② 不需要借位时借位；③ 当需要不止一次借位时，第一次借过位的数值在计算时，忘记减去 1。

邱学华（2016）认为，被减数中间有 0 的退位减法容易出错，例如，502 - 269，普通做法是：个位不够减，向十位借，十位是 0 向百位借，百位退 1 作 10，十位再退 1 作 10，被减数个位变成 12。上面的思考过程太复杂，既麻烦又容易发生差错。

（二）美国加州版减法教材的设计

1. 退位减法

以 24 - 8 为例，阐述退位减法的算法与算理（如图 2-4 所示）。

算法：第一步，使用位值框展示 24；第二步，把一个 10 转换成 10 个 1；第三步，展示 14 - 8，即从 14 个小立方体中划去 8 个，即得 6 个。

算理：$24-8=10+14-8=10+6=16$，或者 $24-8=10+10+4-8=10+2+4=16$。

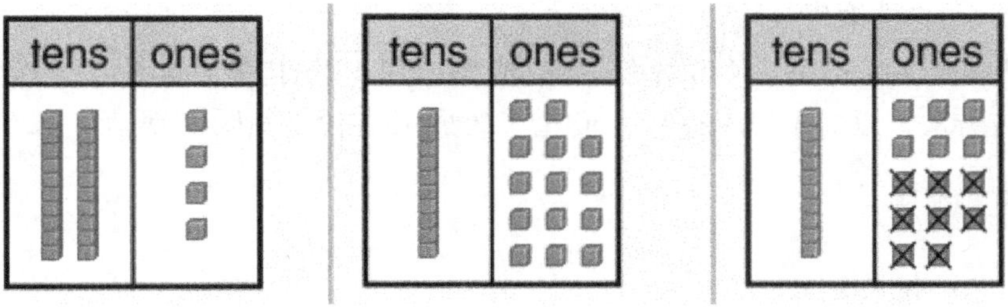

图 2-4　退位减法

2. 分数的减法

以 2/3 - 1/2 为例，阐述异分母减法的算法与算理（如图 2-5 所示）。

算法：第一步，用分数条分别展示 2/3 和 1/2；第二步，展示这两个分数的差；第三步，考虑如何表示这两个分数的差；第四步，如果以 1/6 为单位来度量，2/3 可以转化为 4 个 1/6，1/2 可以转化为 3 个 1/6，它们的差为一个 1/6。

算理：$2/3-1/2=4/6-3/6=1/6$。

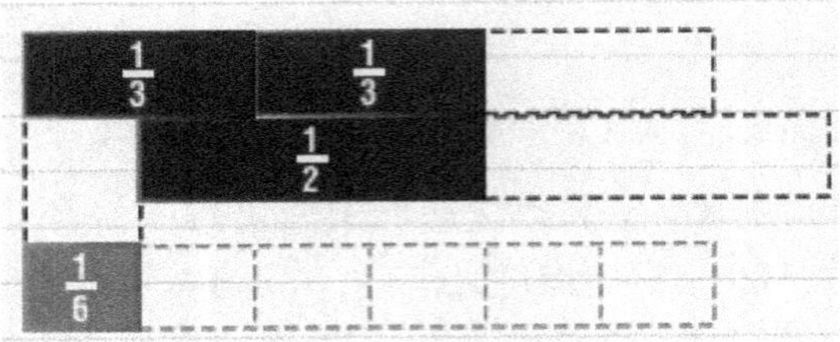

图 2-5　分数减法

（三）干预策略

1. 数字线

通过“小兔子在数字线上移动的游戏”表征解答步骤，能够促进儿童加、减法的学习。Schwartz 等发现，当儿童练习使用基于计算机图像的不同长度的火车在数字线上移动时，他们能更快地掌握加、减法的学习。Case 等的研究显示，儿童运用算术程序的技能（如 2 +4 =6）与儿童心理上对数字线概念的理解相联系。例如，在 Case 等的研究中，大约 50% 的学生在没有适当的心理数字线知识的情况下就进入中学。当学生接受 40 课时使用心理数字线的教学后，他们使用数字线的能力和学习算术的能力都有所提高（转引自 Mayer，2004）。

2. 一次借清法

例如，502 - 269，个位不够，向 50 借，退 1 改作 49。这种“一次借清”的退位方法，缩短了思考过程，50 借 1 改成 49，说理简明（邱学华，2016）。

三、乘法

（一）错误类型

1. 整数乘法的错误类型（邱学华，2016）

① 68 ×8 =484，8 ×8 =64，应写 4 进 6，这里忘记进位了。

② 68 ×8 =4864，8 同 68 相乘，误认为分别得出结果，没有掌握笔算乘法的计算法则。

③ 68 ×8 =494，8 ×8 =64，应写 4 进 6，这里却进 1，这是受加法进位的干扰，因为加法进位大部分都是进 1。

④ 68 ×8 =524，8 ×8 =64，应写 4 进 6，6 ×8 =48，48 +6 应等于 54，误算成 52 了。这是由口算不熟练造成的。

米勒等（Miller，1987）研究了 213 名学习不良学生对乘法的错误认识，大部分的问题都源于缺乏必要的解题技能。乘法错误的主要原因是学生对乘法基本运算的不了解和不正确的加法技能。

2. 小数乘法的错误类型（邱学华，2016）

① 2.8 ×3.2 =89.6，这一道题错误是受小数加减法计算的影响，学生错误地认为，确定积的小数点位置，只要同竖式上面的小数点对齐。

② 4.25 ×4.3 =182.75，积里应有三位小数，少了一位小数。

③ 0.18 ×0.4 =72，积里应该是三位小数，必须补 0 加上小数点，得数应是 0.072，在积里用 0 补足数位，是小数乘法计算中的难点。

④ 80.75 ×4 =3.23，要先确定积的小数位置，然后再把小数末尾的 0 划去。此题的错误在于，先划去小数末尾的 0，再确定小数点的位置，顺序颠倒了。

（二）乘法的中国教材设计（邱学华，2016）

1. 一位数笔算乘法的教材安排

（1）各个数位都是不进位的，例如，34 ×2。

（2）一次进位的，例如，24 ×3。

（3）连续进位的，例如，289 ×8。

（4）被乘数中间有 0 的，例如，305 ×6。

（5）被乘数末尾有 0 的，例如，4 500 ×2。

2. 两位数笔算乘法的教材安排

（1）24 ×36：重点说明第二部分积的“2”为什么写在十位上。理解用哪一位数乘，得数的末位就要与这位数对齐的道理。

（2）234 ×52：重点说明第二部分积的“0”也必须占一位写在十位上，不能遗漏。这是学生容易忽略之处，所以出示例题予以强调。

（3）305 ×14：重点说明被乘数中间有 0 的情况，相乘的时候，特别要注意部分积的对位问题。

（4）5800 ×60：重点说明被乘数或乘数末尾有 0 的情况，可以采用简便算法的道理。

（三）美国加州版乘法教材的设计

1. 两位数乘一位数

以 16 ×2 为例，阐述一位数乘两位数的算法与算理（如图 2-6 所示）。

算法：第一步，将乘法转化为加法 16 + 16，每个 16 呈现为 10 +6；第二步，合并它们的和，10 +6 + 10 +6 =10 + 10 +6 +6；第三步，将 6 +6 转化为 10 +2；第四步，呈现结果 32。

算理：16 ×2 =16 + 16 =10 +6 +10 +6 =10 + 10 +6 +6 =20 + 10 +2 =32。

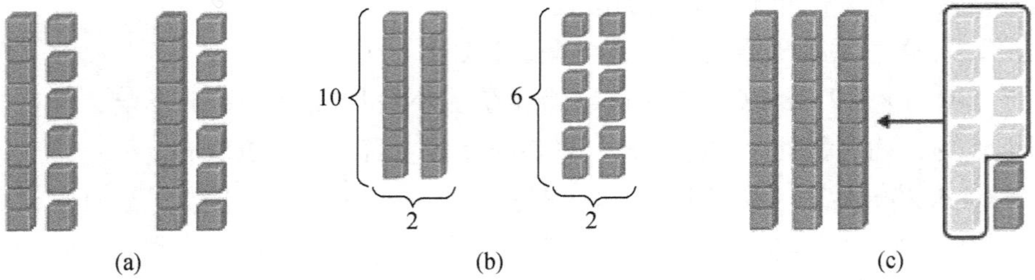

图 2-6　两位数乘一位数

2. 两位数乘两位数

以 27×12 为例，阐述两位数乘两位数的算法与算理（如图 2-7 所示）。

算法：第一步，个位数 2 乘 27 得 54；第二步，十位数 1（即 10）乘 27 得 270；第三步，相加得 324。

算理：使用矩形面积来表示两位数乘法，$27\times12=27\times(10+2)=270+54=324$。

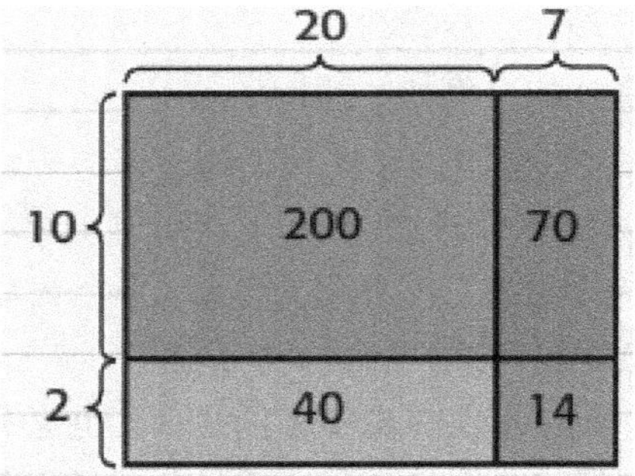

图 2-7　两位数乘两位数

3. 小数乘小数

以 0.8×0.4 为例，阐述小数乘小数的算法与算理（如图 2-8 所示）。

算法：第一步，使用 100 个小正方形来表示单位 1；第二步，用 80 个小正方形表示 0.8；第三步，用 40 个小正方形表示 0.4，40 个小正方形和 80 个小正方形重叠的 32 个小正方形，就是它们的积。

算理：从面积的角度，在正方形相邻的两边上，分别构造 0.8 和 0.4，以 0.8 和 0.4 为边的长方形的面积就是 0.8×0.4。

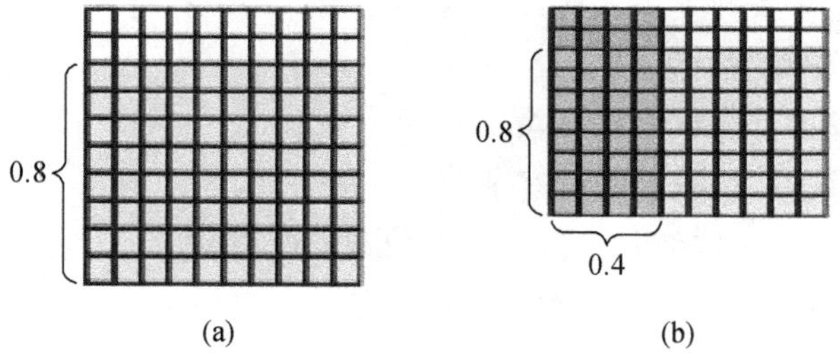

图 2-8　小数乘小数

4. 分数乘分数

以 1/3 ×1/2 为例，阐述分数乘分数的算法与算理（如图 2-9 所示）。

算法：第一步，用正方形的面积表示单位 1；第二步，用长方形的面积表示 1/2；第三步，把面积为 1/2 的矩形三等分，即得 1/6。

算理：从面积的角度，构造以 1/2 和 1/3 为边的长方形，求长方形的面积就是 1/3 ×1/2。

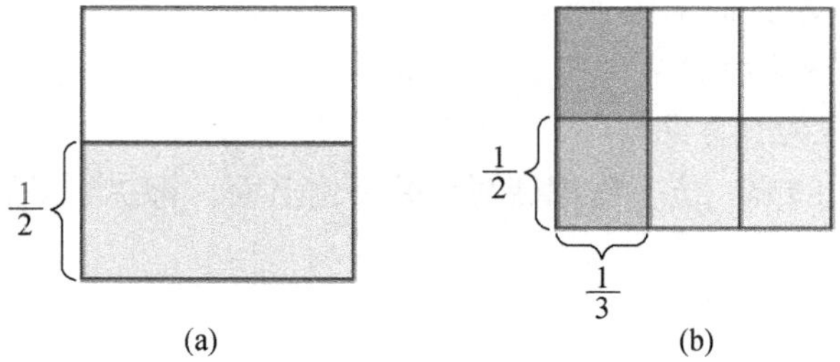

图 2-9　分数乘分数

四、除法

（一）除法计算困难的原因

邱学华（2017）认为，除法计算困难的原因有三个：① 竖式的书写特殊。加减乘竖式的形式一致，运算符号在横式与竖式中都一样，但是除法不一样。② 运算思考方法复杂。加法或减法是只有本身一种方法的运算，乘法运算包括乘法和加法两种运算，除法包括加、减、乘三种方法的运算。③ 计算困难。除了试商、确定商的位置，还要看余数。

米勒等（Miller，1987）研究了 213 名学习不良学生对除法运算的错误认识，大部分的问题都源于缺乏必要的解题技能。除法错误中包括许多减法和乘法错误。

（二）笔算除法的中国教材设计（邱学华，2016）

1. 除数是一位数的除法

（1）26 ÷ 2：首位数恰好够除。

（2）32 ÷ 2：首位数够除但有余数。

（3）398 ÷ 3：一位数除三位数，首位数恰好够除。

（4）248 ÷ 4：首位数不够除，看前两位。

（5）3540 ÷ 5：商中间有零。

（6）840 ÷ 3：商末尾有零。

2. 除数是两位数的除法

（1）1920 ÷ 80：用整十数除。

（2）6417 ÷ 93：用四舍五入法试商，“四舍”的情况把 93 看成 90。

（3）2793 ÷ 49：试商是“五入”的情况，把 49 看成 50。

（4）1575 ÷ 25：用口算的方法试商，6 个 25 是 150；。

（5）2835 ÷ 27：商中间有 0。

（6）9180 ÷ 54：商末尾有 0。

（三）笔算除法的教学（邱学华，2016）

1. 掌握除法的计算法则

除到被除数的哪一位，就把商写在哪一位上面，每次除得的余数必须比除数小。

2. 熟练掌握乘法的横式计算

经过试商后，就要用乘法计算，如果乘法计算有一步算错，就会造成整个计算错误。为什么学生在一般情况下乘法不会算错，而在做除法时用到乘法计算就会错？这是因为这两种乘法不一样。乘法笔算是竖式，而除法中的乘法是横式计算。

3. 灵活运用试商方法

试商方法较多，不必都交给学生，否则反而会使他们感到无所适从。一般用四舍五入法把除数看成与它接近的整十数进行试商。

4. 笔算乘除法的验算

弃九验算法是利用等式两边去掉 9 的同样倍数，两边的余数应该相等的道理，把一个数的各位数字相加所得的数，实际上是去掉 9 的倍数后的余数。如 23，2 + 3 = 5，就是 23 去掉 9 的 2 倍后的余数是 5。例如，564 × 79 = 44556，564 弃九后得 6（5 + 6 + 4 = 15，1 + 5 = 6），79 弃九后得 7（7 + 9 = 16，1 + 6 = 7），它们的积弃九后得 6（6 × 7 = 42，4 + 2 = 6），44556 弃九后得 6（4 + 4 +

5 +5 +6 =24，2 +4 =6）。弃九验算法有两个缺陷：① 得数中少一个 0 或多一个 0 的错误检验不出来；② 得数中数字的次序如果前后调换了，也检验不出来。所以，只能说“可能正确”！

（四）美国加州版除法教材的设计

1. 两位数除以一位数

以 42 ÷3 为例，阐述两位数除以一位数的算法与算理（如图 2-10 所示）。

算法：第一步，展示 42（40 +2），以及如何平均分成三组的方框；第二步，将每个方框中分别放入 1 个 10，将 1 个 10 转换为 10 个 1；第三步，将 12 个 1 平均分成 3 组，每组 4 个；第四步，呈现结果，每组 14。

算理：42 ÷3 = （30 +10 +2） ÷3 = （30 +12） ÷3 =10 +4 =14。

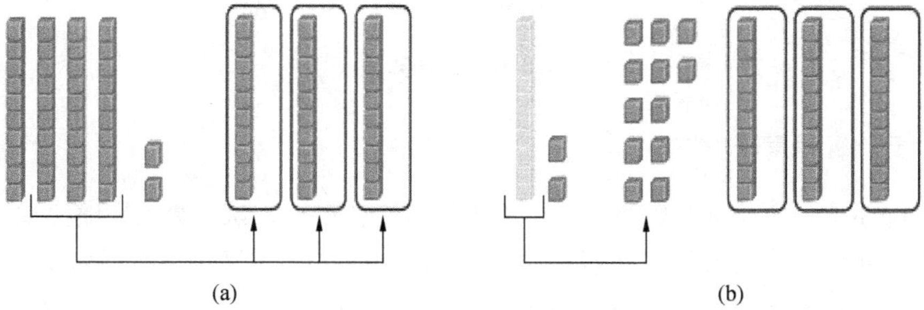

图 2-10　两位数除以一位数

2. 小数除法

以 1.5 ÷0.3 为例，阐述小数除法的算法与算理（如图 2-11 所示）。

算法：第一步，以 100 个小正方形构成的面积为单位 1，50 个小正方形为 0.5，用 5 个条形长方形组成，每个条形长方形包括 10 个小正方形，这样，150 个小正方形可以转化为 15 个条形长方形；第二步，0.3 表示为 30 个小正方形，可以看作 3 个条形长方形；第三步，15 个条形长方形是 3 个条形长方形的 5 倍，因此，1.5 ÷0.3 =5。

算理：小数除法问题变成面积问题。

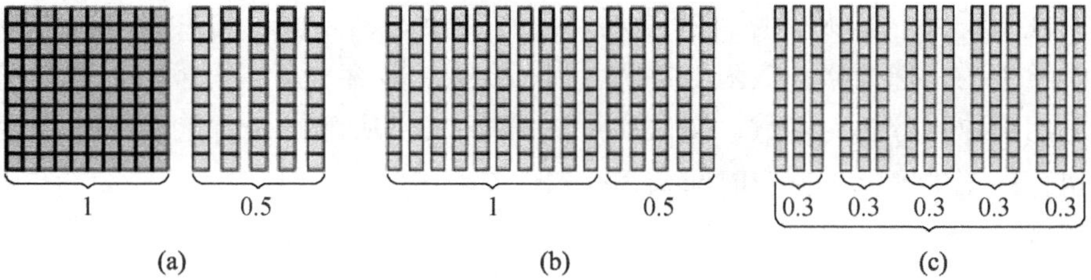

图 2-11　小数除法

3. 分数除法

以 3/4 ÷ 3/8 为例，阐述分数除法的算法与算理（如图 2-12 所示）。

算法：第一步，以 8 个正方形构成的长方形作为单位 1；第二步，作出表示 3/4（即 6/8）的长方形；第三步，作出表示 3/8 的长方形；第四步，计算表示 3/4 的长方形面积是表示 3/8 的长方形面积的多少倍。

算理：分数除法问题变成面积问题。

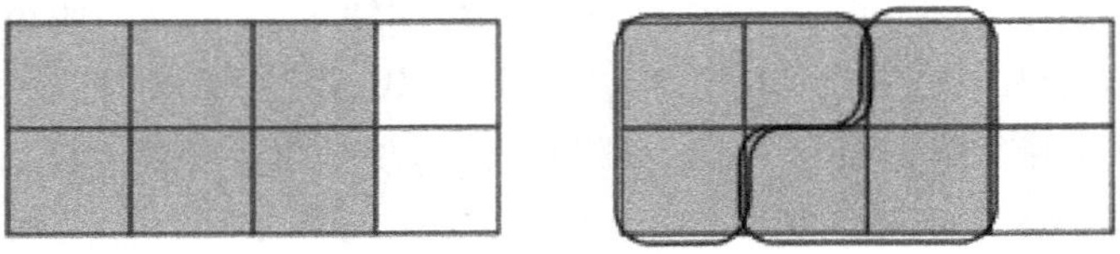

(a)　　(b)

图 2-12　分数除法

五、算术策略发展

Lemair 和 Sieglar（1995）提出算术策略变化模型，认为算术策略主要从计数策略向提取策略发展。比较小学一、二年级的数学困难学生（数困生）与正常学生的算术策略特征：① 策略种类上，都采用计数策略和提取策略；② 策略分布上，数困生更依赖计数策略；③ 策略效能的准确性上，数困生不如正常学生；④ 策略选择上，数困生不能进行适应性的策略选择。数困生算术策略发展的研究表明：随着年级的升高与经验的丰富，数困生仍然首选计数策略，虽然计数策略的准确性明显提高了，但是提取策略却很少得到改善；即使进行加减法的强化训练，数困生的提取策略仍维持在较低水平。因此，Geary（1993，1994）认为，数困生既存在计数策略发展的迟缓，也有提取策略的缺陷。

陈英和（2004）研究了二、三年级数困生和正常学生在加法任务中，策略选择和执行的差异及特点。研究表明：① 策略选择具有多样性、适应性和简约性的特点。② 从策略选择上看，出声、竖式、分解、对位和提取策略是两类学生的主选策略。数困生常用手指、数数、放弃、猜测等策略；数学优等生采用提取、分解、凑数、换位和乘法策略。③ 从策略执行上看，数困生策略执行的正确率低、反应时间长、有效性差。

第四节 数学运算的干预策略

学习困难（learning disabilities，LD），也称为学习不良或学习不能，由美国特殊教育家柯克（Kirk）于1962年最早提出。从学校课程学习的角度划分，学习困难可分为两个基本类型：阅读困难（reading disabilities，RD）与数学困难（mathematical disabilities，MD）。20世纪70年代中期以来，数学困难的研究越来越受到重视。

学习困难是多种异源性失调，表现为听、说、读、写、推理和数学能力的获得和使用方面的明显障碍。这些失调源于个体的内部因素，假定是中枢神经系统的机能失调，并且可能贯穿于一个人的一生。伴随着学习困难，人可能会在自我调节、社会知觉及社会交往等方面出现问题，但这些问题本身不构成学习困难。学习困难可能同时还伴随其他的障碍（如感觉损伤、智力落后、严重的情绪混乱），但学习困难也并不是这些障碍造成的。学习困难可能同时受到某些外部因素的影响（如文化差异、教学的不充分或不适当），但学习困难也并不是这些障碍造成的。（徐速，2006）

一、基于行为主义的干预策略

（一）基于程序教学的干预

1. 概述

20世纪60年代早期，普莱西（Pressey）发明了教学机器，但对程序教学贡献最大的却是斯金纳（Skinner），程序教学可用于数学教学。程序教学进一步发展为计算机辅助教学，卢仲衡据此编撰了初中数学自学辅导实验教材。

2. 程序教学的设计原则

（1）积极反应原则：程序教学过程中，必须使学生始终处于一种积极学习的状态。也就是说，在教学中使学生产生一个反应，然后通过给予强化巩固这个反应，并促使学习者做进一步反应。

（2）小步子原则：程序教学所呈示的教材是被分解成一步一步的，前一步的学习为后一步的学习做铺垫，后一步的学习在前一步的学习后进行。由于两个步子之间的难度相差很小，所以学习者的学习很容易得到成功，并建立起自信。程序教学的缺点是程序教材烦琐冗长（比一般教材的内容多10～15倍），导致学生难以复习和查阅，而且会弱化教师在课堂中的作用。

（3）即时反馈原则：程序教学特别强调即时反馈，即让学生立即知道自己的答案正确与否，这是树立信心、强化行为的有效措施。

（4）自定步调原则：程序教学允许学习者按自身的情况来确定掌握教材的速度，实施个别化教学。

（二）基于掌握学习理论的干预

1. 基本理念

布卢姆（1976）认为，只要给予足够的时间和适当的教学内容，大多数学生都可以达到教学大纲所要求掌握的程度（通常要求完成80%～90%的评价项目）。

2. 教学方法

对教学方法产生的效果，应及时反馈，从而及时纠正不恰当的教学方法。因此，该理论强调复本测验的使用。

3. 教学效果

基于掌握学习理论的干预不仅可提高学生的学习成绩，而且能激发教师的教学热情与学生的学习热情，更能改善师生关系，促进学生的心理健康。

（三）录音策略

Freeman 于 1984 年采用录音策略干预单词记忆，它的优势在于及时反馈、防止练习错误答案、强化准确反应、提高反应正确率。后来录音策略用于乘法口诀的记忆。在干预期间，录音机呈现乘法口诀的问题部分，学生在录音机提供答案之前写下答案，问题和答案呈现的时间间隔很短（几秒钟）；时间间隔可以恒定不变，也可以变化，例如，随着练习的增多，时间间隔可逐步变短。

（四）3C 策略

3C（cover-copy-compare）策略通常包括以下三个步骤：学生识记刺激（例如，$4\times7=28$）；盖住（cover）刺激物；做出反应，即回忆刺激，并写出来（copy）。比较（compare）刺激与反应是否一致：如果反应是正确的，继续下一题；如果反应不正确，修正错误，再重复相同的步骤，或者抄写刺激物几遍。3C 策略是自我管理（自己实施）的方法，受到教师的欢迎；其评价是非公开的，避免他人给予的负面评价，受到数学困难学生的喜爱。国外研究者对 3C 策略干预口算学习进行了深入探讨，本节对此进行概述和简评，并指出未来进一步研究的方向，为干预提供有效的策略，为教学设计提供心理学基础。

1. 研究概述

本节从 3C 策略、3C 策略的变式、“3C 策略 + 其他教学成分”三个方面来概述。3C 策略的变式是指改善 3C 策略的成分，“3C 策略 + 其他教学成分”是指在 3C 策略的基础上增加其他教学成分。

（1）3C 策略

Skinner（1989）的研究使用3C 策略教2 名四年级和2 名十年级行为障碍学生记忆乘法口诀的效果，Ozaki（1996）的研究使用3C 策略干预1 名六年级学习不良的学生记忆乘法口诀的效果，Stading（1996）的研究使用3C 策略干预1 名8 岁学习不良的学生记忆乘法口诀的效果。研究表明，3C 策略能够促进学生乘法口诀的学习。

（2）3C 策略的变式

3C 策略的变式包括反应和反馈两个步骤，传统的反应是书面反应，传统的反馈是自我反馈，Skinner 分别研究了改变反应方式和反馈方式的效果。

① 改变3C 策略反应方式

Skinner（1991）比较了3C 策略（书面反应）与3C 策略的变式（口头反应）干预2 名行为障碍小学生学习乘法口诀的效果。研究表明，口头反应比书面反应更能促进乘法口诀的记忆。Skinner（1997）也得到一致的结论：口头反应能节省时间，导致记忆次数增多。

② 改变3C 策略反馈方式

Skinner（1992）比较了3C 策略（自我反馈）与3C 策略的变式（同伴反馈）干预6 名二年级学生记忆乘法口诀的效果。研究表明，6 名学生中有4 名经由自我反馈获得了更好的成绩，同伴反馈所用时间至少是自我反馈所用时间的两倍。因此，对这些学生来说，自我反馈可能比同伴反馈策略更有效，能在一种非强迫的教学情境下获得更好的成绩。

（3）3C 策略 + 其他教学成分

“其他教学成分”是指除了3C 策略外，还包括模仿、错误操练、目标设定、成绩反馈、奖励、检测、限时练习、测验等教学成分。

① 3C 策略 + 模仿

Lee（1994）使用“3C 策略 + 抄写”以小组形式干预5 名五年级学生学习除法事实的效果，模仿是指在识记的同时，抄写一遍。研究表明，干预使得精确性和速度都得到提高，技能维持1 天。Grafman（2010）比较使用3C 策略与“3C 策略 + 模仿”干预47 名二年级学生学习减法的效果。研究表明，两种策略都能促进自动化，3C 策略的自动化成绩更好，但两种策略干预不能提高准确性，两种策略的精确性比较也没有显著差异。

② 3C 策略 + 错误操练

Becker（2009）研究使用3C 策略及“3C 策略 + 错误操练”策略干预1 名四年级学习困难学生记忆乘法口诀的效果。错误操练是指研究者纠正学生的错误，被试大声重复正确的答案，并且写出乘法算式。研究表明，3C 策略干预提高了记忆的速度，“3C + 错误操练”策略使得反应速度更快。

③ 3C 策略 + 目标设定 + 成绩反馈

Skinner（1993）使用 3C 策略干预 3 名行为障碍的小学生学习除法事实的效果。研究表明，2 名学生提高了除法运算的精确性和速度，另一名学生需要通过成绩反馈和目标设定才能提高精确性和自动化，技能维持 8 个月。

Codding（2007）比较了 3C 策略与“3C 策略 + 成绩反馈（每分钟的正确数字个数）”干预 3 名六年级技能落后的学生学习数学计算（乘法和加法）的效果。研究表明，两种策略间无显著性差异；达到掌握所需的次数存在个体差异；干预效果能够维持 4 ~ 12 天，能够概括到稍微复杂一些的任务。Codding（2009）比较了 3C 策略、“3C + 目标设定”和控制组干预 173 名技能落后的三年级学生学习算术计算（加法和减法）的效果。研究表明，与其他组相比，“3C + 目标设定”的进步速度更快、最终成绩更好，成绩能够保持 1 个月，能够概括到相似的情境。

④ 3C 策略 + 奖励

Bolich（1995）的研究使用“3C 策略 + 奖励”干预 2 名注意缺陷中学生记忆乘法口诀的效果。研究表明，3C 策略能够提高乘法口诀的精确性，奖励对精确性的影响很小。Poncy（2011）的研究使用“3C 策略 + 奖励”干预一年级 20 名学生学习加法事实的效果，奖励是以每周 2 分钟的口算比赛为基础，以小组为单位进行奖励。研究表明，干预促进了加法事实的自动化。

⑤ DPR 策略（检测 +3C 策略 + 测验）

DPR（detect-practice-repair）包括 detect、practice、repair 三个步骤。detect 是指识别哪些知识没有掌握；practice 是指使用 3C 策略练习这些知识；repair 是指限时练习及实施 detect 阶段的复本测验，用于促进技能的自动化。

Parkhurst（2010）的研究使用 DPR 策略干预 10 名五年级学习困难的学生记忆乘法口诀的效果，Poncy（2010）的研究使用 DPR 干预 7 名学习困难学生记忆乘法口诀的效果，Poncy（2013）的研究使用 DPR 干预 2 名三年级学生记忆乘法口诀的效果。研究表明，DPR 策略促进了学生记忆乘法口诀的自动化。Poncy（2013）发现记忆能够维持 3 ~ 7 天。

Poncy（2006）的研究使用 DPR 策略干预 14 名三年级学生学习减法事实的效果。研究表明，DPR 能够提高学生计算的准确性和自动化。Axtell（2009）的研究使用 DPR 干预 36 名初中生学习困难学生学习除法口诀的效果，研究表明，实验组的后测成绩比前测成绩显著提高，实验组的学生成绩显著高于控制组。

2. 简评

（1）3C 策略基于行为主义理论

3C 策略包括模仿、反应、反馈这三种教学成分。模仿包括识记。反应包括回忆，在反应前，学生看到正确的刺激，其反应通常是正确的，自我评价对正确反应予以及时强化；当反应不正确时，他们会及时修正错误，阻止练习错误的反应。3C 策略的变式就是改变三种教学成分中的一种，而“3C 策略 + 其他教学成分”包括错误操练、奖励、检测、限时练习、成绩反馈、目标设定等，这些成分都是基于行为主义的强化理论。

（2）干预乘法口诀的研究较多，对其他运算的干预较少

有关 3C 策略干预的论文中，干预乘法较多，研究也最早。乘法口诀是笔算的基础，是除法运算、多位数乘法的基础；加减除法运算研究都较少，这些干预都是干预事实性知识。有两篇论文研究干预多位数运算，分别是 Codding（2007）干预多位数乘法和加法运算，以及 Codding（2009）干预多位数加减法运算。

（3）3C 策略应用于不同类型被试

3C 策略用于不同类型的学生，例如，行为障碍的学生、学习不良的学生、低认知功能、注意缺陷障碍、技能落后的学生。

（4）3C 策略干预是有效的，但维持和概括研究较少

个体干预研究都采用多基线设计，首先收集被试在未干预时的成绩，当数据稳定后再进行干预，然后收集干预后的学生成绩。结果表明，3C 策略及其变式是有效的。尽管干预后的及时测验取得了好的效果，但是只有 4 个研究探讨维持效果，2 个研究探讨概括效果。

（5）干预策略比较主要用于优化干预策略

3C 策略及其变式的干预效果比较包括：反应（口头反应与书面反应）、反馈（同伴反馈与自我反馈）、3C 策略与“3C 策略 + 错误操练”、3C 与“3C + 模仿”。比较这些干预策略的目的在于探讨如何改善 3C 策略，即 3C 策略的三个基本成分（模仿、反应、反馈）如何优化；在 3C 策略三个成分的基础上，对增加哪些教学成分效果更好也进行了充分的比较。

3. 进一步研究的方向

（1）加强维持和概括的研究

从简评中可以发现，尽管干预的及时后测优于基线，但是一段时间过后，学生是否还能记住原来记忆的口诀？这一点很重要，如果学生能将记住的口诀

用于多位数运算，那就更好了。

（2）加强3C策略及其变式的效果比较

从简评中可以发现，尽管有些3C策略及其变式的比较，但是还是不充分，如果从每种运算来看，那就更少了。例如，加法、减法、除法的研究很少，效果比较就更少了，只有乘法运算的比较充分些，但也是可以加强的。

二、基于认知的CRA干预策略

计算是小学数学的教学重点，是学习高层次数学技能的基础，对于普通小学生来说，这些技能很容易获得，但对于学习困难学生（如自闭症儿童、智力障碍儿童、学习不良儿童等）来说，获得这些技能是比较困难的。我国数学教育取得了举世瞩目的成就，但对于数学困难学生的研究缺乏应有的重视。有道是"它山之石，可以攻玉"，借鉴国外的经验无疑是非常必要的。

实物－图形－符号（concrete-representational-abstract，CRA）表征策略是指按照实物表征、图形表征和符号表征的顺序独立解决问题的教学策略，是布鲁纳三阶段表征理论的具体应用，也是"具体到抽象"教学原则的具体体现。Fyfe（2014）认为，CRA表征策略具有下列理论优势：① 帮助学习者用熟悉的实物解释难以理解的抽象符号；② 提供实物操作的经验，作为抽象思维的基础；③ 引导学习者建立图像记忆库，当难以理解抽象符号意义时，学习提取这些图像；④ 指导学习者剥离实物、图形的具体特征，获得概括化特征。

尽管CRA获得理论上的认可，但它有无实证研究支持？它可以用于哪些数学内容？它可以帮助哪些学生？它的干预效果如何？国外学者对此进行了大量的研究，下面对此进行综述和简评，指出未来进一步研究的方向，为教学设计和教材设计提供心理学指导。

（一）研究概述

研究从整数计算和分数计算两方面阐述，整数计算从位值、加法、减法、乘法这四个维度阐述。分数计算从分数等值和计算来阐述，CRA表征策略按照实物表征、图形表征、符号表征的顺序实施，但在实施每一种表征时，按照先行组织者、示范、有指导的练习、独立练习四个步骤，连续两次独立练习达到掌握标准（即至少80%正确），才能进行下一个表征阶段；在符号表征阶段，采用了四种辅助策略（STAR、DRAW、RENAME、FAST RENAME）。这些辅助策略的具体含义如下：

1. 整数计算

（1）位值

Peterson（1988）比较了 CRA 策略与符号表征策略干预 24 名小学（初中）学习不良学生学习位值（识别个位与十位）的效果，3 名同学一组，干预 9 次，每次 10 ~ 15 分钟。研究表明，CRA 策略组在位值概念获得和维持方面优于符号表征组，位值概念能维持 3 周，但位值概念迁移成绩（识别百位、千位）无显著差异。

（2）加法

干预的有效性。Yakubova（2016）通过 iPad 呈现教师讲解 CRA 策略，干预 4 名自闭症小学生学习一（两）位数不进位加法。研究表明，干预提高了学生的加法技能，技能能够维持 3 周。Stroizer（2015）使用 CRA 策略教 3 名自闭症小学生学习两位数进位加法，在符号表征阶段，使用 RENAME 策略记住解决加法问题的步骤：① 读题（R）；② 计算个位上的数字（E）；③ 记录个位上的数字（N）；④ 计算十位上的数字（A）；⑤ 记录十位上的数字（M）；⑥ 计算并记录百位上的数字；⑦ 检查结果正确与否（E）。研究表明，干预提高了学生的加法技能。

干预效果比较。Miller（2011）比较了 CRA 策略和符号表征策略干预两位数进位加法的效果。被试是 24 名学习困难学生，其中，10 名学生接受 CRA 教学，14 名学生接受符号表征。在符号表征阶段，CRA 组使用 RENAME 策略和 FAST RENAME 策略，帮助学生记住解题步骤。RENAME 策略帮助学生记住解决加法计算问题的步骤，FAST 帮助学生记住解决加法应用题的步骤。FAST 策略表示：① 求什么？（F）；② 问自己，问题是什么（A）；③ 列式（S）；④ 写出答案（T）；干预 16 次，每次 1 小时。研究表明，干预前两组成绩无显著差异，干预后 CRA 组学生在加法技能上显著提高，且优于接受符号表征的学生，加法计算能够迁移到加法应用题。

（3）减法

干预的有效性。Yakubova（2016）通过 iPad 呈现教师讲解 CRA 策略，教 4 名自闭症小学生不退位减法。研究表明，干预提高了学生的减法技能，技能能够保持 3 周。Flores 使用 CRA 策略教 6 名数学学习不良的学生学习两位数减两位数的退位减法，在符号表征阶段，使用 DRAW 策略记忆解减法问题的步骤：① 寻找计算符号（D）；② 读题（R）；③ 回答问题，或使用线段画图（A）；④ 写出答案，检查答案（W）。研究表明，干预提高了学生的减法技能，5 名学生维持技能达 4 周。Flores（2014）使用 CRA 策略教 6 名学习困难学生学习三位数减两位数的退位减法，符号表征阶段也使用DRAW策略记忆解题步骤，研究表明，干预提高了学生的减法技能，效果保持6周。Flores（2014）使用CRA策略教3名学习困难学生学习三位数减两位数的退位减法，使用RENAME策略表明，干预提高了学生的减法技能。Mancl（2012）使用CRA策略教5名学习困难学生学习两位数和三位数的退位减法，使用RENAME策略表明，干预提高了学生的减法技能。Stroizer（2015）使用CRA策略教3名自闭症小学生学习退位减法，使用RENAME策略表明，干预提高了学生的减法技能。

干预效果比较。Kaffar（2011）使用CRA策略教8名学习困难的学生和3名学习不良学生学习退位减法，其他12名学生接受符号表征，CRA组在符号表征阶段采用RENAME作为记忆策略。研究表明，两组学生都获得了进步，CRA组学生的解题正确率从49%上升到90%，符号表征组的解题正确率从66%上升到72%。

（4）乘法

干预的有效性。Harris（1995）使用CRA策略干预二年级学生（12名学习不良学生，1名情绪障碍学生，91名正常学生）学习乘法事实，学生在符号表征阶段学习DRAW和FAST DRAW策略。DRAW被用于帮助学生记住解决乘法问题的步骤，FAST DRAW被用于帮助学生记住解决乘法应用题的步骤。研究表明，干预都提高了学生的乘法技能。Morin（1998）使用CRA策略干预3名智力障碍的初中生学习乘法事实和乘法应用题，使用与Harris相似的策略（DRAW与FAST DRAW）表明，干预提高了学生的乘法技能。Stroizer（2015）使用CRA策略干预3名自闭症小学生学习乘法事实，在符号表征阶段使用DRAW策略记忆解题步骤表明，干预都提高了学生的乘法技能。Flores（2014）使用CRA策略教3个学习困难学生学习一位数乘两位数，使用RENAME策略表明，干预提高了乘法技能。Flores（2014）使用CRA策略教4名学习不良小学生两位数乘两位数，在符号表征阶段使用RENAME策略记忆解题步骤。研究表明，干预提高了乘法技能，且维持两周，同时能将此技能概括到三位数乘两位数。

2. 分数计算

Butler（2003）比较了使用CRA和RA（图形－符号表征）干预小学数学学习不良的学生学习分数等值的效果，使用卡片提示解题步骤。被试为50个中度学习不良学生（11～15岁，六年级～八年级），被试被分成两个组，26个学生形成CRA组，24个学生形成RA组，干预10课时，每课时45分钟。

测验包括数量（quantity）分数（例如，圈出 18 个点的 2/3）、面积分数（标出阴影部分的面积占整个面积的几分之几），抽象分数（例如，1/3 = ？ /12，3/6 = ？ /2，8/5 = ?）、分数应用题（例如，约翰吃了三分之一比萨，一个比萨共 12 块，问约翰吃了多少块?）和带分数（通过面积认识带分数）。研究表明，CRA 组仅在数量分数测验显著高于 RA 组。Jordan（1999）比较了 CRA 策略与符号表征干预小学四年级学生学习分数（包括分数的等值、加法、减法）的效果。研究表明，虽然 CRA 组和符号表征组都提高了分数技能，但 CRA 组显著优于符号表征组，技能能够维持两周；CRA 组和符号表征组中 12 名不良学生（学习不良 5 名，情绪障碍 2 名，视觉障碍 1 名，言语障碍 4 名）成绩都显著提高，但两组成绩无显著性差异。

（二）简评

1. CRA 表征策略用于不同类型学生

CRA 表征策略可以用于不同类型学生，具有广泛的适应性。被试类型分别为数学学习困难的学生、数学学习不良的学生、智力障碍学生、发育障碍学生和自闭症学生。数学学习困难的学生定义为数学成绩最低的四分之一学生，失败的原因不详。数学学习不良的学生是由于多种异源性失调引起，这些失调源于个体内部的因素，假定是中枢神经系统的机能失调，通常智力正常，但智力测验中算术分测验落后。智力落后学生的智力水平低于同龄人 2 个标准差（IQ 小于 70）。自闭症是一种神经系统发育障碍，以社会交往障碍、交流障碍、活动内容和兴趣的局限及刻板重复的行为方式为基本特征，多数患儿伴有不同程度的智力落后。从概述可以发现，算术计算题 CRA 表征干预主要用于数学学习困难和数学学习不良的学生。

2. CRA 较多用于整数的减法和乘法计算

从概述可以发现，CRA 表征策略干预研究主要用于减法计算和乘法计算，其中分数干预研究 2 个、等值干预研究 1 个、加法干预研究 3 个。

3. 实施 CRA 常借助其他策略

CRA 策略按照实物表征、图形表征、符号表征的步骤实施，但在实施每一步时，需要借助直接教学（explicit instruction）的策略，即按照先行组织者、示范、有指导的练习、独立练习四个步骤，连续两次独立练习达到掌握标准（即至少 80% 正确），才能进行下一个阶段。在符号表征阶段，需要借助其他策略（STAR、DRAW、RENAME、FAST RENAME），记住解题步骤。

4. 技能获得是 CRA 干预的主要指标

在干预有效性研究中，研究者收集技能获得、技能维持和概括三个指标。

技能获得是指在干预之后，被试是否获得了技能，这是对干预后的及时施测，而维持测验是延时测试，概括研究是迁移测试。现有的技能获得的有关研究较多，维持研究较少，概括研究更少。

（三）进一步研究的方向

1. 扩展干预内容

从干预内容的层次看，小学数学较多，初中数学较少，高中数学没有，因此，需扩大 CRA 策略应用层次；从干预内容的领域看，皆为数与代数部分，没有空间与图形、统计与概率。在数与代数部分，分数部分的研究较少，整数部分的除法研究也未出现，因此，需要扩展 CRA 策略的使用范围。更重要的是，要研究 CRA 更适用于哪些数学内容？这些内容有哪些特点？

2. 优化干预策略

优化干预的策略从两个方面进行实施：① 建立 CRA 三种表征之间的联系。CRA 策略按照实物表征、图形表征、符号表征的顺序实施，未强调建立这些表征的联系，没有认识到这三种表征所反映的结构是一致的，因此，需要整合这三种不同的表征。② 对不同类型的被试，应该设计更具有针对性的策略。例如，智力障碍学生与自闭症学生所使用的 CRA 策略应该有所区别，有其独特的策略。

3. 深化干预效果

（1）干预的有效性

干预的有效性通常采用单被试研究，收集技能的获得、维持和概括的数据，技能获得数据较丰富，但是技能的获得只是暂时的现象，技能的维持显示干预的延时效果，如果数学困难学生获得的技能还能用于其他知识，即达到概括的效果，反映了被试能够“举一反三”，这是干预最理想的效果，因此，需要加强维持和概括的研究。

（2）干预效果比较

CRA 表征策略干预研究可以进行下列比较：① 三种表征的干预效果（CRA）是否优于一种表征（C 或 R）和两种表征（RA、CR）的干预效果；② 三种表征之间建立联系的干预效果是否优于未建立联系的效果，三种表征的结构相同，即数量关系相同，但具体的成分不同，分别是实物、图形和数字，要强调结构相同，成分的对应，以及成分由具体到图形（半抽象），再到抽象的逐步变化，具体表征的解题可以促进图形表征的解题，图形表征的解题可以促进符号表征的解题，这三种表征相当于解决同一问题的三种方法，CRA 先使用具体表征解决问题，然后使用图形表征解决相同问题，最后使用符号表征解决相同问题；③ CRA 顺序是否优于其他顺序，例如 ARC 顺序。其目的在于找到最适合学生的干预方法。

（3）探求干预的心理机制

CRA 整合三种表征，它为什么能够促进某些数学学习？弄清楚 CRA 干预的心理机制，能够使得我们设计出更好的干预策略，可以使用观察、问卷调查和访谈这三种方法来研究。

从以上四个维度进行研究，可以深化 CRA 表征干预研究，为小学数学的教学设计和课程设计提供心理学基础。

三、基于动机的干预策略

（一）游戏策略

Starr（2014）的研究使用“直接教学 + 数学游戏”干预 3 名学习不良的学生记忆乘法口诀的效果。先实施直接教学，用卡片呈现题目及其答案，然后使用数学游戏，用于训练计算速度。数学游戏有 28 个格子，每个格子中有一个乘法口诀（14 个熟悉的乘法口诀，7 个不熟悉的乘法口诀，不熟悉的口诀重复2 遍），答题正确者进入下一格，答题不正确者由研究者告知正确答案，被试复述，计算完成所有格子所用的时间。研究表明，“直接教学 + 数学游戏”能够促进记忆乘法口诀，乘法口诀记忆能从口算到笔算。Ok（2016）的研究使用“直接教学 + double 策略 + 数学游戏”干预 4 名学习不良的学生记忆 4 与 8 的乘法口诀的效果，double 策略是指把 4 和 8 的乘法转化为 2 的乘法口诀，例如，$3\times4=3\times(2+2)=6+6$，数学游戏（math evolve）使用 iPad 呈现，用于训练乘法口诀的速度，通过解决记忆乘法口诀速度来击败对手，iPad 提供多个练习的机会、及时反馈、错误修正、监控学习进步。研究表明，所有学生促进了乘法口诀的记忆，效果能够维持两周。

（二）插入策略

Neef（1977）设计插入策略，用于干预学习障碍学生记忆单词，在生词中加入熟悉的单词，降低了任务难度，激发了学习兴趣，提高了记忆效果。后来，它被用于记忆乘法口诀。渐进复述（incremental rehearsal）是一种特殊的插入策略，已掌握的与未掌握的乘法口诀的比例为 9∶1。

我国多位数乘法是从表内乘法和加法入手，进位加法（退位减法）是通过数的合成与分解、凑十法完成的，都是基于任务分析、基于数学任务的本身的逻辑关系。邱学华的干预更具体，更具有针对性，从教材设计入手，对不同内容采用不同的策略。国外研究表明，3C、CRA、录音、插入等一般策略对加、减、乘、除都适用，追求策略使用范围的广泛性，但教学效能可能变差。对国内外的策略进行比较，其效应值可能中国更高，但这需要通过试验加以验证。

第五节 数学公式的学习与教学

利用超级画板和几何画板可以促进数学公式的学习，动态几何软件都带有测量功能。图形中的角度、长度和面积都可以被测量，测量值随着图形的变化而变化。通过改变图形形状观察几何规律，已经成为利用动态几何软件进行教学的一个基本模式。

一、三角形的内角和公式

如图 2-13 所示，在超级画板中，任意画一个三角形；随即测量三个角的度数，并显示角的度数；三个角的度数相加，显示最后的和。拖动三个顶点，学生可以直观地发现，三角形的形状、大小在变化，三个角度也在变化，但内角和等于 180 度始终没有改变。由此学生更坚信：所有三角形的内角和都为 180 度（唐彩斌等，2009）。

二、三角形的面积公式

如图 2-14 所示（唐彩斌等，2009），三角形面积的计算转化为长方形面积的计算。图 2-16 a 是将三角形剪成 5 块，其中横线平行于底，且是中位线，竖线都垂直于底；图 2-16 b 是将上面两个三角形旋转；图 2-16 c 表示图 2-16 b 中的两个三角形旋转后形成一个长方形，这个长方形的面积等于长乘宽，长就是三角形的底，宽就是三角形高的一半，因此，就可以得到三角形的面积等于底乘高的一半。

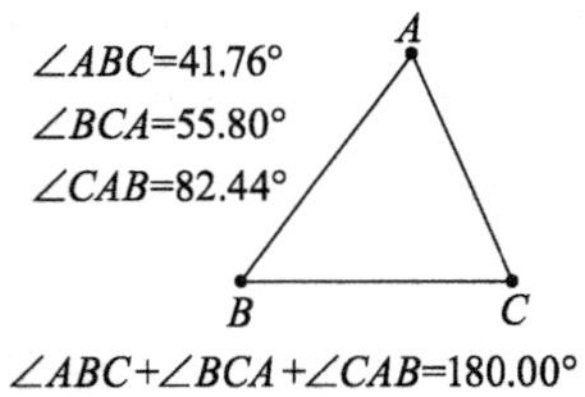

图 2-13 三角形的内角和

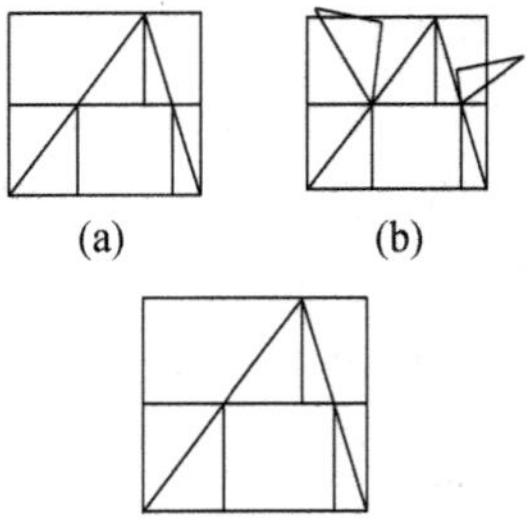

图 2-14 三角形的面积公式

三、梯形的面积公式

梯形面积公式的推导可以有许多方法，假设上底为 a，下底为 b，高为 h（可以利用超级画板实现，左键单击“分割”按钮）（曹爱婷，2016；唐彩斌，2010）。

方法 1：连接对角线，梯形被分成两个大小不同的三角形，这两个三角形的高都为 h，不同的是，一个三角形的底是梯形的上底，另一个三角形是梯形的下底。将两个三角形的面积相加得 $ab/2+bh/2$，这就是梯形的面积。

方法 2：作一腰的平行线，梯形被分割成 1 个平行四边形和 1 个三角形，那么，梯形面积就是：$ah+(b-a)h/2=(a+b)h/2$。

方法 3：通过旋转梯形来实现面积公式的推导。梯形绕着其中位线右端点逆时针旋转，甚至与原梯形连接成平行四边形，根据平行四边形的面积 $(a+b)h$，就能推导出梯形的面积为 $(a+b)h/2$。

方法 4：如图 2-15 a 所示，在梯形一腰上取中点，过中点作平行于另一腰的直线，交梯形上下底于两点，这样就得到两个小三角形，可以把下面的小三角形割去，拼到上面，这样就把梯形的面积转化为平行四边形的面积，此平行四边形的高等于梯形的高，底边等于 $(a+b)/2$。

方法 5：如图 2-15 b 所示，连接梯形上底左顶点与另一腰的中点，并延长与下底相交，这样就将梯形的面积转化为三角形的面积，三角形的面积等于 1/2 底乘高，底等于梯形的上底加下底 $a+b$，高等于梯形的高 h，所以，梯形的面积等于 $(a+b)h/2$。

方法 6：如图 2-15 c 所示，过两腰的中点作下底的垂线，与上底相交，这样梯形的面积转化为矩形的面积，矩形的长为 $(a+b)/2$，矩形的宽为梯形的高 h，所以，梯形的面积等于矩形的面积 $(a+b)h/2$。

方法 7：如图 2-15 d 所示，过梯形腰的中点作平行于底的直线，延长下底使得延长部分等于上底，再通过延长线的端点作左腰的平行线，这样就将梯形的面积转化为平行四边形的面积，平行四边形的底等于 $a+b$，平行四边形的高等于 $h/2$，所以，梯形的面积等于平行四边形的面积，等于 $(a+b)h/2$。

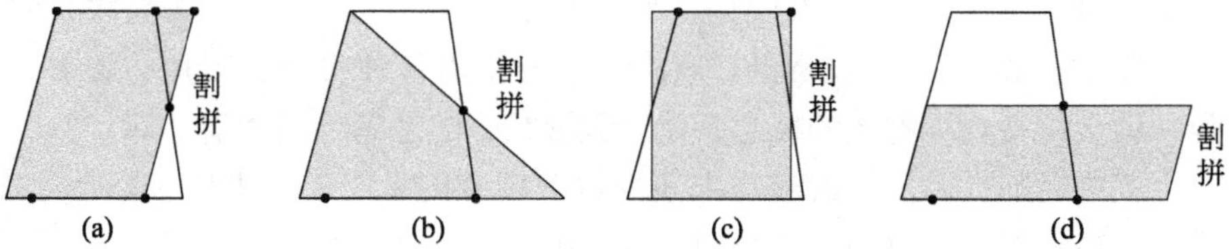

图 2-15　梯形的面积

四、面积公式之间的关系

小学阶段学的四边形包括长方形、正方形、平行四边形、梯形及一般的四边形，它们之间有密切的关系，当某一种属性改变的时候，就会由一种图形转变成另一种图形，这种变化可以借助超级画板轻松实现，拖动其中的点，改变其中的边，就能在变化中沟通小学阶段四种常见的四边形之间的关系。四边形与三角形之间也有密切的联系，当梯形的上底变成 0 时，四边形就变成三角形。四边形的面积与三角形的面积也有联系。梯形的面积 $S=(a+b)h\div2$，当 $b=0$ 时，即为三角形，面积公式为 $S=ah\div2$；当 $a=b$ 时，即为平行四边形，面积公式为 $S=ah$（唐彩斌，2010）。

第六节　数学思想方法的学习与教学

数学思想方法是对数学知识技能进行高度抽象概括后形成的理性知识，是数学素养的核心。张景中（2007）认为，小学数学教学中可以渗透函数思想、数形结合思想和寓理于算的思想。王永春（2015）认为，教材应注重引导学生感悟抽象思想、数形结合思想、分类思想、集合思想、类比思想等。

一、函数思想

记忆乘法口诀时，“三七二十一”下一句是“四七二十八”，如果背了上句忘了下句，可以想想 $21+7=28$。这样用理解帮助记忆，用加法帮助乘法，实质上包含了变量和函数的思想：3 变成 4，相应地，21 就变成 28，这里把 3 和 4 看成一个变量先后取到的两个值（张景中，2007）。

二、数形结合思想

立体图形比平面图形更贴近生活，比数更贴近生活。但是，如果在玩积木时不仅让学生观察一块积木是方的、圆的、尖的，还让他们数一数某块积木有几个尖（顶点）、几个棱、几个面，那么就在学生头脑中播下形与数联系的种子（张景中，2007）。在认数的过程中，结合使用各种实物、图片、图形、数轴等帮助学生直观理解数的概念，体现数形结合的思想（王永春，2015）。

金成梁老师提出使用图表法来体现数形结合的思想。图表法包括示意图、线段图、矩形图、韦恩图、关系图、推理图、表格这七种方法。

三、类比思想

在数的读法、写法、大小比较、性质等方面，加强类比法的应用与感悟，有助于提高学习效率。例如，在学习三位数乘一位数、两位数乘两位数的基础上，三位数乘两位数的教学可以引导学生进行类比、比较差异，把新知识转化为旧知识，从而理解算理、归纳算法。立体图形的教学，可以与平面图形进行类比。百分数的教学，可引导学生与分数进行类比，百分数的意义、读法、写法、大小比较、百分数与分数的互化、百分数与小数的互化、用百分数解决问题等，都可以在分数的基础上类推，再通过比较差异建构完整的百分数认知结构（王永春，2015）。

类比思想还体现在如下方面：① 整数的运算法则、运算顺序和运算律推广到小数；② 整数的运算顺序和运算律推广到分数；③ 除法商不变的规律、分数的基本性质、比的基本性质的类比。

四、抽象思想

从认识自然数 1，从各种数量是 1 的物体中抽象出 1；再次进行抽象，把 1 放在自然数的不同数位上，就可以表示 1 个十、1 个百、1 个千……；在分数中进一步抽象，可以把若干个物体（如 10 个苹果）看成单位“1”，把这个 1 平均分成若干份，表示这样的 1 份或几份相对大小的数，都是分数。学生学习了正比例和反比例的内容，进行比例关系判断时，部分学生存在困难，其原因可能是他们对正比例关系的理解还停留在具体情境的层面上，没有理解正比例关系的本质，没有把正比例关系上升到抽象的模型角度，而用符号表示的模型有利于把握本质。无论是平面图形还是立体图形，都是从生活中的物体抽象出来的（王永春，2015）。

数学中的符号思想是抽象思想的表现。小学数学教科书运用的符号大致有以下几类：① 个体符号，包括阿拉伯数字 0 ~ 9，表示数字的字母 a、b、x、π，以及表示分数、小数、百分数的符号；② 数的运算符号；③ 数的关系符号；④ 结合符号，包括大括号、中括号、小括号；⑤ 分隔符号，加法、减法和乘法竖式中的横线，除法竖式和短除式中的横线和竖线用于将页面分割成几部分。

第三章　数学问题的解决

第一节　数学问题概述

一、问题

当有机体有一个目标，但又不知道如何达到目标时，就产生了问题（转引自辛自强，2005）。问题解决是指个体面临问题情境而没有现成的方法可以使用时，应用一系列的认知操作（算子），使问题从初始状态到达目标状态的过程。

二、问题类型

（一）界定良好问题和界定不良问题

如果问题有明确的初始状态和目标状态，以及一系列用于缩小两种状态之间差异的算子，那么这个问题就是界定良好问题。数学中的大部分问题都是界定良好问题。然而，在日常生活中，人们应对的问题大部分是界定不良问题，这类问题在初始状态、目标状态和算子三方面存在一个或多个方面的模糊性。

（二）语义丰富问题和语义贫乏问题

语义丰富问题和语义贫乏问题的区分来源于问题解决者的特点。当学习者初学某一个概念，他面临的问题就是语义贫乏问题；经过一段时间的学习，他面对的就是语义丰富问题。心理学家 Sweller 发现，当学习者是新手时，也就是他面临语义贫乏问题时，样例学习优于问题解决，但当学习者的经验增加时，即他面临语义丰富问题时，问题解决优于样例学习，这就是知识的反转效应。也就是说，对于初学者有效的教学策略（学习策略），对于专家未必起作用。不同数学专长的个体并非经历相同的认知过程（Hegarty，1995）。

当个体没有形成或拥有很少的问题图式时，问题转译过程主要是一种文本驱动的自下而上的解码过程（De Corte，1985），此时，问题理解过程往往具有很高的认知负荷（Sweller，1989）。个体提出借助于手段-目的法来建立各种子目标，或者通过借助画图或列出每个陈述对应算式的外部表征方法来降低认知负荷。对拥有大量问题图式的个体而言，问题的表征过程更像一个假设检验的演绎推理过程（Chi，1981）。问题图式引导问题解决者与问题陈述之间的“对话”过程，使得问题转译变成预期-验证式的模式匹配过程，同时，图式提供了个体整合情境模型和问题模型的模板，从而极大地降低了问题理解的认知负荷（Sweller，1989）。

（三）专门领域问题和非专门领域问题

大多数问题解决的研究主要研究非专门领域问题的解决，这类问题解答不要求有专业的训练，如河内塔问题。这些问题的特点是：① 通常比较复杂，足以对大多数人构成挑战；② 可以揭示问题解决规律的普遍性。而专门领域问题是与学科有关的问题，小学数学学习心理研究的问题都是专门领域的问题。解决非专门领域问题的方法是通用的解决策略，例如，类比策略、手段-目的分析策略、逆推法、计划法等。而数学领域中采用的策略是特异性策略，是专门用于数学问题解决的策略，例如，小学数学思想方法中的化归思想、数形结合思想、分类思想、一一对应思想，这些策略应该比通用的问题解决策略更有效。

专门领域问题的解决过程涉及个体认知结构的整合，问题解决策略从通用的、领域一般的启发式方法向领域相关性策略或领域特异性策略转变。认知研究通常关注个体完成不同数学问题解决的共同模式、规律或认知机制。虽然认知研究也考虑问题情境特征或结构的变动，但出发点是检验数学问题解决认知理论的依存条件或推广程度，并非关注实验材料本身（杨向东，2013）。

三、问题空间

问题空间是问题解决者对一个问题所达到的全部认识状态。任何一个问题都包含给定条件和目标。以分数加法为例，算式就是问题的初始状态，目标状态就是问题的结果，该问题包含一些认知操作，例如，通分、约分等，这些操作就称为算子。学习者在解题过程中，要利用各种算子来改变问题的初始状态，经过各种中间状态，最终达到目标状态。人们在问题解决过程中，所达到的全部状态称为问题空间，也叫状态空间，是全部状态之和，当然也包括全部算子。

第二节　数学问题解决的认知加工理论

一、生成学习理论

生成学习理论的根源在于巴特利特、皮亚杰和格式塔心理学家。巴特利特（Bartlett，1932）认为，学习是一种建构活动，它将新经验与已有图式整合；皮亚杰将认知发展视为将新经验同化入已有图式，顺应已有图式的过程；格式塔心理学家（Katona，1940；Wertheimer，1959）对通过记忆学习和通过理解学习进行区分。

20世纪70年代，维特罗克（Wittrock）提出了生成学习模型。生成学习模型包括四个主要成分，即生成、动机、注意和先前的知识经验。生成指形成新知识的内在联系，以及新知识与已有知识之间的联系。他认为，学习过程是学习者从外界选择性地知觉新信息，然后进行主动地建构并生成意义的过程，新生成的意义经过归类进入长时记忆，具体流程如下：① 长时记忆中的信息或反应倾向被激活进入工作记忆；② 已激活的知识或反应倾向指引和维持注意；③ 选择性知觉的新信息进入工作记忆；④ 新信息与原有相关知识发生联系；⑤ 新的意义的主动建构，这是学习的关键一步，建构时要对照来自内部和外部经验进行检验，如果通过检验，发现不成功，会导致新建构的努力；⑥ 成功的建构导致意义的理解，新习得的意义经过归类，纳入长时记忆的适当部分（邵瑞珍，2003）。该理论强调了大脑中原有知识在学习中扮演着重要的角色，具体表现为：① 选择和组织新进入的知识，以指导整个知识建构；② 把大量知识组成单一的知识结构，从而使工作记忆能加工更多信息。

二、认知负荷理论

认知负荷理论（cognitive load theory，CLT）起源于20世纪80年代Sweller及其同事的研究。认知负荷理论是为研究认知加工和教学设计提供框架的主要理论，它的理论基础在于美国心理学家米勒（Miller，1956）工作记忆容量的研究。他经过7年反复测定，在一篇题为《神奇的数字：7±2》的报告中总结了用实物、无意义音节、数字、单词、字母等一系列实验材料所做的大量实验。实验结果相当一致地表明：正常成年人短时记忆广度的平均数是7±2个组块。人们在解决问题时，认知负荷包括基础认知负荷、无关认知负荷和生成认知负荷，认知加工对应于基础认知加工、无关认知加工和生成认知加工。

基础认知加工是指在学习中对呈现的材料所进行心理表征（例如，选择、初步组织相关信息）。基础认知负荷，是由成分间交互作用造成的工作记忆容量的需求造成的。无关认知加工是与教学目标无关的认知加工。材料呈现方式和学习者学习活动会带来认知负荷，当这种认知负荷是不必要的、会干扰图式获得和图式自动化时，它就被称为无关认知负荷。生成认知加工是指在学习中理解所呈现的材料（包括组织、整合相关信息），从事这些认知加工所产生的负荷成为生成认知负荷。提高学习者的动机需要认知资源，如果这种认知资源与图式获得和自动化有关，那么，这种认知负荷也是生成认知负荷。基础的、无关的和生成认知负荷是相加关系，学习的前提是总负荷不能超过工作记忆容量。基础认知负荷是提供一个基本的负荷，除非通过建构图式和使图式自动化，否则它们是不可削减的。剩下来的认知容量被分配到处理无关认知负荷和生成认知负荷。这些认知负荷可以协同作用，通过使用更有效的教学设计减小无关认知负荷，为生成认知负荷释放容量（Paas，2003）。

三、多媒体认知加工理论

基于认知科学的研究，Mayer 基于 3 个假设——双通道假设、有限容量假设和主动加工假设，来阐述大脑是如何工作的（郭兆明，2005）。

首先，人类信息加工系统包括两个独立的通道，即加工听觉输入与言语表征的听觉通道、加工视觉输入与图片表征的视觉通道。双通道假设的提出基于 Paivio（1986）的双编码理论和 Baddeley（1998）的工作记忆理论。

第二，每个通道的加工容量是有限的，即仅有有限的加工发生在听觉通道，同时，也仅有有限的加工发生在视觉通道。上述“有限容量假设”是基于 Baddeley（1998）的工作记忆理论提出的。

第三，有意义学习要求在听觉通道和视觉通道进行大量的认知加工。这是 Wettrock（1989）的生成学习理论和 Mayer（1999，2002）“选择 - 组织 - 整合”主动学习理论的主要假设。这些加工包括学习者注意呈现的材料，组织呈现材料为一个有条理的结构，对呈现材料与大脑中存在的知识进行整合。

现在我们在多媒体学习的认知理论背景下来研究这三个理论假设。如图 3-1 所示，图中的两行表示两个信息加工通道，这与双通道假设是一致的。图中的 5 列表示知识表征的 5 个模式——物理表征（例如，呈现给学习者的文字和图片）、感觉表征（在学习者的耳朵或眼睛里）、浅层的工作记忆表征（例如，被学习者注意的声音或图像）、深层的工作记忆表征（例如，学习者建立的言语和图片模型）和长时记忆表征（例如，学习者有关的先前知识）。呈现的文字和图片的容量是无限的，长时记忆的容量也是无限的，但在工作记忆中保持、操作文字和图片的容量是有限的。所以，在图中工作记忆栏服从有限容量假设。

箭头表示认知加工。例如，标以“整合”的箭头表示融合言语模型、图片模型和相关的先前知识。在多媒体学习中，主动加工要求 5 种认知加工——选择文字、选择图片、组织文字、组织图片和整合。与主动加工假设一致，这些加工强调信息加工系统的认知容量。所以，对多媒体学习过程来说，图 3-1 中附有文字标识的箭头表示主动加工。

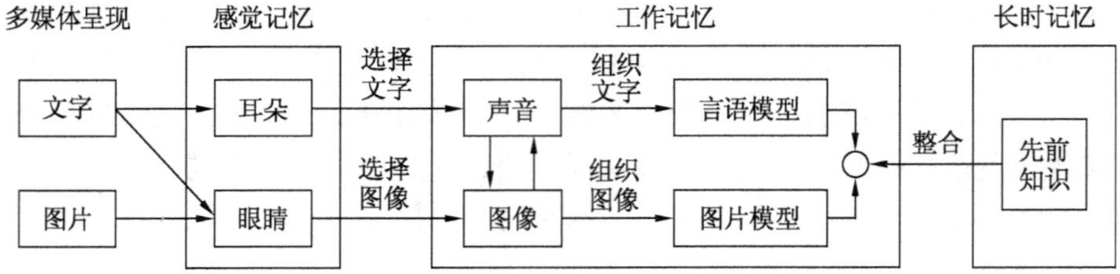

图 3-1　Mayer 的多媒体认知加工理论

四、表征复杂性理论

1. 关系复杂性

辛自强（2003）认为，事物的本质在于关系，关系复杂性包括等级复杂性和水平复杂性。等级复杂性包括多级关系。一级关系（R1）：R1（A，B），是“两个或多个要素的关系”，例如，A + B；二级关系（R2）：R2［（A，B），C］或 R2［R1（A，B），R1（C，D））］，例如，（A + B）×C；更高级的关系依此类推。水平复杂性就是指在任何层级的关系中括号里的要素（或关系）都可以有不同的个数，例如，R1（A，B，C），即 A + B + C。笔者认为，水平复杂性还包括元素（成分）的复杂性，例如，A + B，A（B）可以是整数，也可以是分数、小数，甚至是整式和分式。对于两个整数的加法来说，可以是不进位加法，也可以是进位加法；对于分数来说，可以是同分母分数相加，也可以是异分母分数相加。

2. 表征复杂性

表征复杂性包括表征深度与表征广度，分别对应于任务的等级复杂性和水平复杂性。表征深度是指理解的等级关系的嵌套程度或逻辑层次。

关系复杂性是指问题的外在表征的复杂性，而表征复杂性是指问题解决者内在表征的深度，是问题解决者理解问题深度的指标。

五、类比迁移理论

当人们遇到一个新问题（靶问题）时，人们往往想起过去已经解决的相似的问题（源问题），并运用源问题的解决方法和步骤去解决靶问题，这种问题解决策略被称为类比迁移。类比问题解决的一般模式是“源问题：源问题的解决方法；靶问题：靶问题的解决方法”。要求学习者学习结构相似的类比问题及其解决方案后解决靶问题。

类比迁移研究主要基于三种理论：结构映射理论（structure-mapping theory）（Gentner，1983）、实用图式理论（pragmatic schema theory）（Holyoak，1985）和样例理论（example theory）（Ross，1989）。

Gentner 的结构映射理论强调类比迁移是一个结构映射的过程，源问题各因素之间的关系，即结构，被提取并用于解决靶问题。源问题和靶问题的内容是次要的，问题的内容在源问题的提取阶段起作用，但是在选择源问题和应用于靶问题的阶段，问题的结构起着主要作用。该理论区分了问题的内容和结构。问题内容包括条目和属性。问题的结构是指初级关系（low-order relation）和高级关系（high-order relation）。初级关系是指两个物体之间的关系所形成的完整命题。高级关系是指在初级关系的基础上建立的关系。源问题与靶问题之间的匹配或映射可以发生在多种水平上，如事物之间、属性之间、初级关系和高级关系。但是只有复杂关系所构成的关系系统被选择和应用于靶问题中。那些孤立的低级关系及事物的属性与问题的解决无关，因此在映射过程中被扔掉。

实用图式理论强调图式归纳的存在及其在问题解决中的机制和作用。该理论认为图式归纳并不是自动形成的，而是通过两个或多个类比问题的映射和比较，或者通过教师的指导才能形成的。图式归纳是建立在对问题解决因果分析的基础上，与问题解决相关的因素被编码成为图式，而非因果关系的因素则不能成为图式的成分。实用图式是指对问题因果关系的概括，即有助于问题目标完成的关系的概括。对源问题和靶问题因果关系相似性的再认，引导着相关源问题的提取和选择，以及在靶问题解决过程中的应用。大量实验证明，除以下两种情况外，图式归纳只是策略性的：① 只有被试在某个题目方面有足够的知识，被试才能从单个例子推出图式原则；② 如果提供四个或更多的例子，被试才能自动地进行归纳。

样例理论强调源问题与靶问题的具体内容。它的典型代表是多痕迹理论（multiple trace model）。类比迁移中的多痕迹理论来源于 Hintzman 的多痕迹记忆模型。多痕迹理论认为，图式归纳有两种方式，既有自动加工，又有控制加工。第一，作为大量提取所储存样例时的副产品，图式归纳是自动的，靶问题将平行地激活多个样例痕迹，激活水平由与靶问题的相似性程度决定。第二，概括能通过对一个或多个实例的图式特征进行精细的编码而进行，这种图式加工是一种控制性加工。这种有意识的归纳所产生的图式，作为一个新的记忆痕迹被储存起来，并且，由于图式与样例痕迹是联结的，因而这两者之一的激活可能扩散到另一个（张庆林，王永明，1999）。

有关图式的三个理论在下面三个问题上存在差异（曲衍立，张梅玲，2000）：① 图式归纳是自动的还是策略的？② 图式归纳是保守的（conservative）还是消除的（eliminative）？也就是说，在抽象关系的表征之外，是否还保留着源问题的具体的表面信息？③ 在检索和运用阶段，问题的结构和表面信息哪个更重要？

“图式归纳”最早由 Gick 和 Holyoak（1983）正式提出，他们认为图式归纳本质上就是消除差异、保存一致的过程，即在多个类比物之间通过消除不一致的成分而保留一致的成分这一过程，以形成类比物之间关系的抽象化表征。Gick 和 Holyoak 在研究“攻克堡垒问题”和“邓克尔辐射问题”之间的迁移问题时，从图式归纳的角度解释了迁移的机制。他们指出，虽然这两个问题属于不同的领域，但可以看成是同一个问题图式（称为“辐合图式”）的两个特例。它们的表面特征虽然不同，但结构特征相同。

实用图式理论和示例理论都认为图式归纳不是自动的，需要通过对类比问题的比较或映射才能产生，因而图式归纳是策略的。而结构映射理论认为对问题结构的认知是自动的，只要提供几个相似的问题，认知系统则会自动地检测它们的重叠程度，然后把这些重叠的特征作为独立的问题表征储存起来。

保守性图式归纳理论认为，图式归纳之后的某些表面信息与抽象原则一起，分别以不同的表征形式保存在记忆中。消除性图式归纳理论认为，图式归纳完成之后，只有结构信息被保存在记忆中，而那些表面信息或具体事例则被遗忘。结构映射理论认为这种图式归纳是消除性的，在类比迁移的过程中，那些独立的低级关系及事物的属性被遗忘，只有结构特征启动并决定着迁移；实用图式理论和示例理论则认为这种图式归纳是保守性的。

结构映射理论和实用图式理论都认为，问题的抽象信息和表面信息在回忆阶段是同等重要的，而在应用阶段，问题的结构和实用图式更加重要；示例理论则认为在记忆阶段，表面信息更加重要，而在应用阶段大部分情况下都是表面信息更加重要。

张庆林（1999）对类比迁移的机制进行了对比研究，他认为：① 类比迁移主要是控制性加工，但也存在自动加工的可能性，自动加工受源问题数目和个人归纳倾向（表现为个体差异）的影响。② 图式归纳是保守性的。③ 当被试还是一个“新手”时，表面信息是必要的，但随着图式运用范围的扩大和熟练程度的提高，当被试称得上是一个“专家”时，表面信息是否还是必要的？这还有待进一步研究。④ 内容驱动只能解释近迁移（依赖于时间上的接近和领域内容上的接近），结构驱动和目标驱动更能解释远迁移。

迁移的图式理论是概括化理论的现代版本，用学习者的知识结构解释迁移的机制。奥苏贝尔将学习者已有的知识结构表示为图式。然而，奥苏贝尔的图式理论是建立在概念学习的基础上的，没有涉及问题解决技能的学习。20 世纪 80 年代以来，认知心理学家在问题解决研究的基础上，进一步发展了图式理论，即问题图式（problem schema）理论。

六、数学应用题结构匹配理论

Gentner（1983）提出了类比迁移的结构匹配理论，主要内容为：① 领域 B 的结点 b_1，b_2，…，b_n到领域 T 的结点 t_1，t_2，…，t_n之间存在匹配；② 在领域 B 中有效的关系在领域 T 中也一定有效；③ 在领域 B 中有效的属性在领域 T 中却很少有效。

Reed（1987）在 Gentner 结构匹配理论的基础上，提出了数学应用题的结构匹配模型，具体如下：① 类比可以被表征为从例子到测试题之间的结点和谓词的匹配；② 匹配可以在所有层次表征水平上发生；③ 匹配的同构是应用题的特别重要特征；④ 源问题的可理解性和匹配的难易程度关系到匹配的成功与否。

数学应用题结构匹配具有其自身的特殊性。例如，使用“堡垒问题”和“辐射问题”能够得到汇聚图式，但 Reed 使用数学应用题并没有得到相同的结果。Reed（1989）让学生尝试解决三个浓度问题与三个距离问题，并匹配一个系列中前两个问题的概念，结果两个同构问题的具体比较并没有抽象出一个解决方法的图式以解决其他同型问题。原因之一是代数应用题的解决中需要领域具体的知识；另一个原因是汇聚图式的归纳可以用上位概念描述，而有的同型问题缺乏这种上位概念。因此，研究数学学习的类比迁移理论是很有必要的。

Reed（1987）研究了被试在两个同构问题代数应用题之间解题方案的迁移程度。研究发现，当两个同构问题都属于工程问题时，迁移正确率为 76%；

但当两个同构问题都属于混合问题时，正确率只有38%。Reed认为，这是由于在不同问题类型下，两个同构问题表面上所涉及的概念在相似程度上有所不同，从而导致属于混合问题的两个同构问题的匹配透明度下降。匹配透明度是指个体觉察到一个问题中的概念和关系与另一个问题中的概念和关系相对应的容易程度。在两个混合问题中，一个涉及溶液浓度，另一个涉及利率，迁移时除了需要将溶质在溶液中所占的百分比与利息在本金中所占的百分比进行匹配之外，还需要将溶液的重量与金钱的总量相匹配。

七、数学应用题的数学知识应用模型

数学应用题的数学知识应用模型强调数学知识和逻辑知识在解题中的作用。数学知识主要是指数学运算的知识；逻辑知识，例如，部分－总体关系的知识、类属知识。Nesher（1982）认为，解题的行为水平变化归因于集合（set）、逻辑运算和数学运算等知识的发展。Riley（1983）认为，解答问题需要掌握图式，它们表示语义关系，连接语义关系与解题步骤。

八、数学应用题的语言理解模型

语言理解模型主要是从语言理解的角度描述学生的解题行为。语言理解模型得到了一些证据的支持：① 学生由于不理解语词或不熟悉语言陈述格式而导致解题错误。② 问题改写对学生解题的显著作用。③ 学生解题成绩与对问题的回忆成绩之间有系统的关联。回忆问题的成绩可以看作理解问题的指标。学生在容易解答的问题上回忆成绩好，在不容易解答的问题上回忆成绩差。

数学课本上的问题在语言陈述上往往非常标准、简练，有一些潜在的关系不直接表述出来；这样，解题者不得不进行推理以确定集合之间的关系，从而增加了加工的负担。例题1：玛丽和约翰一共有5个弹子，玛丽有3个，约翰有多少个？例题2：一共有5个弹子，其中3个属于玛丽，剩下的属于约翰，约翰有多少个？这是Cummins（1991）的研究中的两道问题，一年级学生解答这两道题的正确率分别是30%和85%。

新的研究发现，简化数学问题陈述的某些语言特征，如降低字词总数、减少生僻或艰涩词汇、避免模棱两可的词或多义词、将被动语态改为主动语态、将复杂句改成简单句等，的确会对解题产生一定影响（Abedi，2004；Shaftel，2006）。然而，这种对数学问题语言特征上的改变通常只改变语言水平较低的被试的解题表现，而且影响程度通常极小（Abedi，2001；Johnson，2004）。

第三节　数学问题解决过程理论

一、波利亚的数学问题解决四阶段模式

数学教育家波利亚提出数学问题解决四阶段模式，将数学问题的解决分为理解问题、制订计划、执行计划和回顾解答这四个阶段。其中，制订计划和回顾解答这两个阶段的自我提问很有意义。

第一阶段：理解问题。你在寻找什么？在该问题中有哪些信息已经给出？画一个示意图。

第二阶段：制订计划。你知道类似的问题吗？你知道一个更容易的问题吗？你能重新表述该问题吗？尝试解决一个相关的问题，或尝试解决问题的一部分。

第三阶段：执行计划。执行解题计划，检查每一个步骤，你能够证明每一个步骤都是正确的吗？

第四阶段：回顾解答。检查算式和结果，你能用不同的方法得出答案吗？你能把此方法用到另一个问题的解决上吗？

二、梅耶的应用题解决四阶段理论

心理学家梅耶（Mayer）提出应用题（文字题）解决的四阶段理论：

（1）问题转换阶段。提取语言学知识和事实知识，用以将应用题中的各句子转化成某种心理表征。梅耶（1984）区分了数学问题陈述用到的三种句型：赋值句、关系句和问题句，其中，关系句是理解题意的关键。

（2）问题整合阶段。提取问题类型的图式知识，形成能够反映文本命题之间关系信息的一个整合的心理表征。

（3）解答计划阶段。选择一个解答计划。

（4）解答执行阶段。执行运算以求得一个数字答案。

（一）问题转换阶段的研究

以黄油问题（在 Lucky，每根黄油 65 美分。在 Vons，每根黄油比在 Lucky 少 2 美分。假如你需要在 Vons 买 4 根黄油，你需要付多少钱？）为例，阐述梅耶应用题解决四阶段理论中，针对“问题转换阶段”的研究。

在问题转换阶段，问题解决者将每个句子转换成内在的心理表征。这个过程需要语言知识（例如，知道 Lucky 和 Vons 是专有名词）和事实性知识（例

如，知道100美分是1美元)。例如，第一个句子心理上可表征为“Lucky = 0.65”，第二个句子可表征为“Vons = Lucky - 0.02”，第三个句子可表征为“总数 = 4 × Vons”。研究表明，人们在翻译关系句时感到特别困难。所谓关系句就是表达两个变量之间的数量关系的句子，例如，要求小学1～3年级学生先听问题“Joe有3只弹球，Tom比Joe多5只，问Tom有多少只弹球?”然后复述此问题，许多学生回忆成“Joe有3只弹球，Tom有5只弹球，问Tom有多少只弹球?”当要求大学生阅读和回忆8个应用题时也发现类似的结果。当要求大学生列出关系句“在某大学，学生的人数是教授的6倍”的方程时，列出错误方程（例如，$6S = P$，S表示学生，P表示教授）的学生数大约占三分之一（Mayer，2004）。Hegarty等（1985）发现，与优等生相比，差生更易于在记忆关系句方面出现错误。

（二）问题整合的研究

梅耶应用题解决四阶段理论中，问题转换阶段和问题整合阶段很有特色。问题转换阶段就是理解每一个句子。问题整合阶段就是在理解每一个句子的基础上，理解整个问题的意思，这里的整合与维特洛克生成学习中的整合意思一致。例如，问题“某人拥有的25分硬币数是1角硬币数的7倍，1角硬币的总值比25分硬币的总值多2.5美元。请问此人拥有各种硬币数各多少枚?（Paige和Simon，1966）”是一个“不可能题”，从每一句理解没有问题，但是综合起来理解就出现了矛盾。若Q表示25分硬币数，D表示1角硬币数，则$Q = 7D, D \times 0.10 = 2.50 + Q \times 0.25$。第一句的25分硬币数多于1角硬币数，第二句的一角硬币数多于25分硬币数，第一句和第二句分开理解都没有问题，但整合起来就产生矛盾。在条件多余、缺少条件、条件矛盾的题目中，问题解决者可以体会整合的作用。其实，在任何问题的解决过程中，问题整合都是非常重要的，只不过问题解决者没有意识到罢了。

当阅读应用题时，成功的问题解决者和不成功的问题解决者在整合阶段倾向于进行不同的认知加工（Lewis，1987）。不成功的问题解决者更多地关注问题中的数字，使用问题中的“关键词”决定应用题中的运算（例如，看到“少于”即启动减法）。在黄油问题中，关键词“少于”启动不正确的减法运算，“在Lucky，每根黄油65美分，每根黄油比在Vons少2美分。假如你需要在Vons买4根黄油，你需要付多少钱?”不成功的问题解决者更可能给出错误的解答：$(0.65 - 0.02) \times 4 = 2.52$，因为这个题目是语言与运算不一致的题目。但对语言与运算一致的问题“在Lucky，每根黄油65美分。在Vons，每根黄油比在Lucky少2美分。假如你需要在Vons买4根黄油，你需要付多少钱?”他们通过关键词启动正确的运算。而成功的问题解决者对这两个问题都能给出正确的答案，无论语言与运算一致与否（Mayer，2004）。

Lewis（1987）是从解题结果的对错来看，Hegarty 等（1985）的眼动研究表明，不成功的问题解决者花费更多的时间来阅读应用题中的数字和关键词（如 65、2、少于、4、多少），而成功的问题解决者花费更多的时间来阅读变量名称（如 Lucky、Vons）。不成功的问题解决者明显地进行“数字获取”或直接翻译的加工，而成功的问题解决者着眼于建构情境模型（Mayer & Hegarty，1996）。在问题整合中，个体的这种整体认识未必是量化的，也可能是问题情境特征和结构的质性模型，这种认识未必是变量之间准确的数量关系，有可能只是一种质性的变量关系推断，问题模型才形成对各种变量之间的数量关系。由此可以发现，关键词策略不是一个好策略，但是数学学习不良学生解决问题时常用这种策略，他们没有对问题进行整合，只是抓住题目中的少数词汇。而情境模型（问题模型）策略对问题情境进行了整合，是一个值得学习的策略。

周新林和张梅玲（2000）研究了关系应用题，同时也研究了用分析数集和构图来求解关系应用题。关系应用题是以比较、倍数、分数等数集关系为题材的应用题。一道标准的关系应用题有 3 种数集：标准集、比较集和关系集（差集、倍数集和分数集）。根据未知数集的类型可把关系应用题分为标准集未知题、比较集未知题和关系集未知题。分析数集是指用一定的符号标出问题中的标准集、比较集、差集或倍数集，构图是用两条线段表示问题中的标准集和比较集，用水平大括号在其中一根线段上表明关系集。研究表明：① 构图与分析数集的解题效果相比，构图产生了积极效果，它主要来源于构造了问题模型，问题的信息是集约的、可视的和结构化的。② 分析数集对列式没有产生显著作用，但是构图促进了问题的解决。

三、张庆林学科领域的问题解决思维过程

张庆林（1994）在波利亚和梅耶的问题解决模型基础上提出了应用题解决的三阶段七策略。它是本土化的问题解决理论。

（一）学科领域的问题解决思维过程

第一阶段，表征问题阶段的策略。准确理解题目的字词语句，不要匆忙解答（策略 1）；从整体上把握题目中各种数量之间的关系（策略 2）；在理解题的整体意义的基础上判断题目的类型（策略 3）。

第二阶段，解答问题阶段的策略。善于双向推理：充分利用已知条件进行顺向推理；重视运用未知条件来指引思维方向（策略 4）；克服思维定式，进行

发散思维（策略5）；善于评价不同思路，选择最优思路集中思维（策略6）。

第三阶段，思路总结阶段的策略。解题之后要总结自己的思路，进行反思（策略7）。

（二）模型评述

与梅耶和波利亚问题解决过程模型相比，张庆林的三阶段七策略模型有下列优势：

1. 提出准确理解题意

邱学华（2016）认为，数学应用题中的语言因素包括：名词术语、代词、副词、属种概念、常识性概念。名词术语包括表示数量关系的术语和反映工农业生产方面的术语。表示数量关系的术语包括：一共、共有、还剩、同样多、相差、几倍、平均、增加、增加到、缩小、减少。反映工农业生产方面的术语包括：某产量、月产量、平均产量、增产、超额、原计划、实际生产、工作效率、播种面积。代词包括他、它、各、分别等；副词包括先、后、再。属种概念教学包括大米、小麦与粮食，毛笔、铅笔盒与文具，鸡、鸭、鹅与家禽，橘子、苹果与水果等。常识性概念的教学包括上半年就是指6个月等。张庆林不仅强调理解简单句，还强调理解复合句。

2. 提出双向推理

在问题解决中，不仅仅涉及记忆（回忆问题类型），更重要的是还涉及推理。

（1）顺向推理。顺向推理的优点在于：① 它可以使信息增值，即产生更多的“已知条件”；② 在读题时对已知条件进行了充分运用，所以，已知条件就容易被问题解决者注意到；③ 可以缩短未知量和已知量之间的心理距离，使问题解决者更容易在心理视野范围内看到最终目标。顺向推理的缺点在于：思维方向不明确，并且容易使问题解决者一旦走上错误的思维方向就迷途难返。

（2）逆向推理。逆向推理的优点在于：始终把未知量作为思维的出发点进行逆推。逆向推理的缺点在于：与已知量的关系很难接通，因为它有时距已知条件太远。

（3）双向推理。顺向推理使问题解决者在已知条件的基础上向前走了几步，逆向推理使问题解决者在未知条件的基础上向后退几步，所以，双向推理有助于催生顿悟，有效地缩短从已知到未知的距离，更有助于问题解决者在心理视野（短时记忆容量）的范围内“看穿”已知与未知之间的路径。

3. 提出自我思路评价应遵循的四条原则

最优的思路应能带来更多的可能有用的“推理出来的已知条件”（可能使用的已知信息越多，解决问题的可能性越大）（原则1）；最优的思路应有助于使已知条件和未知条件发生联系（已知条件包括原题中的已知条件和推理出来的已知条件）（原则2）；必须善于否定和迅速摒弃自己的不正确思路（原则3）；最佳思路应是最简捷的思路（原则4）。

4. 提出有特色的反思策略

（1）思考自己是否已把握与题目有关的结构。

（2）回忆自己的解题思维过程，找出其中的问题。例如，自己在哪些地方走了弯路？能否概括出条件化的解题规律？眼前的这个题和过去解过的题有什么不同？这个题的思路还可以用到什么场合？自己编一个适合该思路的新问题。

（3）思考还有没有更简捷的思路和更佳的解决办法，最好能与同学的解题思路相比较，体验别人的思路。

第四节 问题表征

一、表征

表征（representation）是认知心理学的基本概念，一般是指信息的内部表达，所以问题表征一般是指问题解决者对问题的内部表征。内部表征主要包括记忆系统中的命题、图式及其他类型的知识和结构。

问题表征就是将任务转化为问题空间，即问题解决者对问题的内部表征。问题解决者要利用问题信息和大脑中已有信息主动建构问题空间。知识经验影响问题空间的建构，对同一问题，不同知识经验的问题解决者往往会建构出不同的问题空间。Hieberrt（1996）指出，外部表征是指用语言、文字、符号、图片、图形、活动或实际情境等形式的表征。内部表征是学习者将外在的知识转化为头脑内部的认知结构。内部表征是一种心理表征，这种表征无法直接被观察，它存在于个体的头脑中。教师总是采用外在表征来影响学生的内部表征。例如，通过优化教材的知识体系来改善学习者的内在表征。

问题表征应该是一个不断修正的过程，适宜的问题表征应该满足三个条件：① 表征与问题的真实结构相对应；② 表征将各个问题成分适当地结合在一起；③ 表征结合了问题解决者的其他知识。例如，小鸟问题：两个火车站相距50千米，某个周六下午2：00，两列火车分别从两站相向而行。正当火车驶出车站时，有一只鸟从第一列火车出发飞向第二列火车，到达第二列火车后，又飞回第一列火车，如此反复直到两车相遇。如果两列火车的速度都为每小时12.5千米，小鸟飞行速度为每小时50千米，请问在两车相遇后，小鸟飞行了多少千米？（徐速，2006）因此，不同表征方式导致解决方案不同。

二、表征的形成机制

（一）内部表征的形成机制

邓铸（2001）认为，问题内部表征的形成机制主要有样例类比、问题空间表象化、问题范畴化等。

1. 样例类比

有经验的问题解决者有许多问题解决的样例。这些样例被储存在长时记忆系统中，具有完整的结构。当问题出现时，问题情景的线索会被知觉系统觉察和加工，并激活相应的样例，按照这一样例的表征模式快速形成对新问题的表征。这一表征是否有效，看其是否成功地表征了问题的成分及其结构。由于问题表面内容的影响，错误的类比也是经常发生的，即以某些表面特征为线索，把与之具有相同表面特征但本质结构不同的样例激活，于是会形成错误的问题表征。

2. 问题空间表象化

当一个问题的表述比较复杂或抽象时，问题解决者常常借助于表象化的表征形式来理解问题成分和成分间的关系。比较复杂的问题表述，会涉及较多的问题成分及关系，超出短时记忆的容量，这时问题解决者就需要对问题进行简化，使其形成较清晰的问题结构表象，突出问题结构的主要方面。当问题表述较抽象时，问题解决者则需要把抽象的表述转换成具体化的表象，使问题成分及关系主观地表达出来。问题空间表象化的直接证据就是很多问题解决者常常利用笔和纸来帮助解决问题。

3. 问题范畴化

问题解决的经验积累和科学理论的学习，为问题表征提供了一定的范畴，在此范畴内的问题表征和解决方法都具有一定的抽象性和概括性，它可以作为问题解决的先导知识保证问题的成功解决。当一个人面临需要解决的问题时，他可以根据问题的初始条件和约束条件，激活记忆系统中的某一理论框架和抽象表征模式，把问题归为某一范畴，它也就因此获得了表征。被表征为一定范畴的个别样例的问题可以按照某种确定的表达式来表征和求解。

（二）外部表征的形成机制

外部表征是问题情景的成分和结构，它能以图表、照片或书写等多种形式来表现。问题的外部表征有两种机制：① 激活内部复杂的认知过程，建立内部心理模型而形成问题空间；② 通过知觉系统直接觉察外部表征中那些不变的结构，在不需要内部记忆系统某些复杂心理模型的激活和推理等过程参与的情况下完成问题解决。（邓铸，2001）

三、外部表征设计

（一）教材设计

认知心理学认为，学习是认知结构的组织和重新组织。对知识系统建构的研究，是认知心理研究的一个主要趋势。

数学概念、原理和法则是有其内在联系的，这种内在联系构成这门学科的知识结构。《现代小学数学》从重构原有小学数学教材的知识结构着手，以利于小学生形成良好的认知结构。该教材的基本思想是：以“1”为基础标准来揭示数学中部分与整体的关系。

儿童对单位“1”的认识及其整体守恒能力，是把握数学中部分与整体关系的两个核心概念。以“1”为基础标准的含义是：一方面，从性质上讲，“1”具有概括性、包含性、相对性和可分性；另一方面，就其在小学数学内容中的地位来说，“1”又是一个基础的知识结构。儿童最初学习的 1、2、3 等自然数都是由若干个“1”组成的；儿童从最初对一个元素的认识，逐步发展到对乘除法中的一份数，对一倍数、分数单位，以及分数、比例等，应用题中假设的单位“1”或整体“1”，对比和正反比例的认识。这样“1”不但是个比值，而且可以理解为比的概念。这样一来就能在揭示“1”的内涵的同时初步引入变量的概念。循着“1”这条发展线索构建起来的知识结构把整数、分数、小数、百分数、比值等概念统一在一个系统之中，用“1”去说明它们的内在联系与层次间的过渡（图 3-2）（张梅玲，1986）。

张梅玲（1986）总结出了儿童对部分与整体关系的认识的 12 项指标，包括 4 个不同的层次，即数量之间的分合关系、包含关系、互补可逆关系及补偿关系。以“6”为例，其部分与整体的分合、变换和可逆关系如图 3-3 所示。

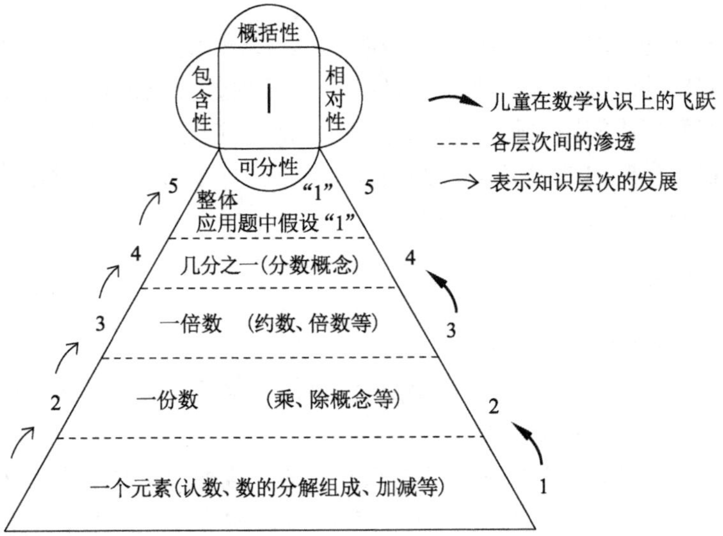

图 3-2　以"1"为基础的示意图

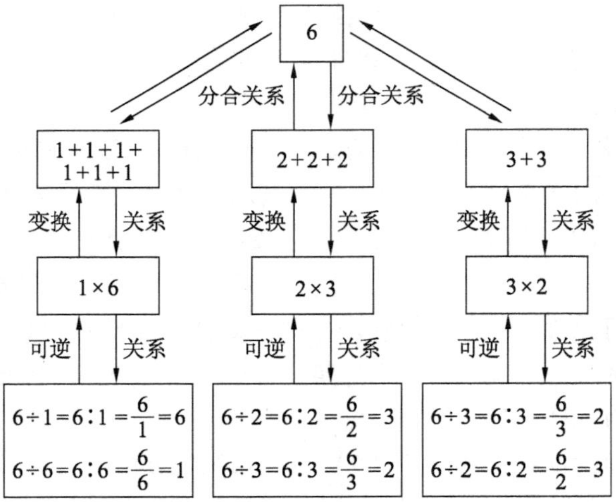

图 3-3　以"6"为例的各种关系示意图

部分与整体的 12 项指标如下：① 整体可以分为若干相等或不相等的部分。② 各部分之和等于整体。③ 整体大于任何一个部分。④ 任何一个部分都小于整体。⑤ 整体包含部分。⑥ 部分包含于整体，任何部分都来自整体。⑦ 部分位置的变化不影响整体。⑧ 当整体分为两个部分时，部分之间存在着消长、增减关系。⑨ 当整体分为两个部分（如 $A = a + b$）时，一部分是另一部分的“补”，并存在可逆关系。⑩ 整体是一个大的堆或集合，所划分出来的每一个部分或小的堆分别可以看作一个集合。⑪ 整体可分为部分，部分又可作为一个整体再分成部分。⑫ 当整体分为相等部分时，部分的数与部分中的单元数是相反方向消长的关系。如 $A = N \times a = M \times b$，若 $N > M$，则必有 $a < b$（张梅玲，1982）。

张梅玲和张天孝（1983）强调教材结构的网络化，注意让知识点延伸成知识链，从而构成纵横交错的知识网。实验教材既注重知识间的纵向联系，又注重知识间的横向沟通，并揭示知识间的逆向转换关系（图 3-4）。

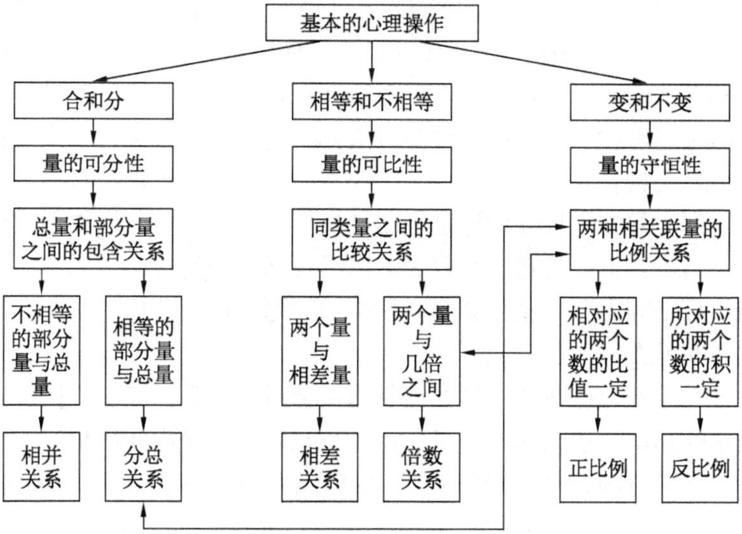

图 3-4　实验教材的网络结构

（二）样例设计

20 世纪 80 年代初期，人工智能科学家试图让计算机通过分析已经具有解答步骤的例题来归纳规则，并将规则应用到新的情境中。计算机学习样例的成功，引起了认知心理学家对样例学习的浓厚兴趣。人们自然会提出：人能否进行样例学习？样例学习和通常的练习哪个效果更好？在国外，Sweller 从认知负荷角度研究了样例学习，实验口头报告指出：传统练习条件下，学习者倾向于使用典型的新手策略，如试误；而在解决问题之前呈现样例的条件下，学习者倾向于使用较为有效的问题解决策略，表现为集中注意力在问题的结构上。在国内，朱新明与 Simon 合作对因式分解、幂的运算、几何、比和比例、分数等内容用样例学习的方法进行了深入的研究，结果表明：用样例学习的方法学习中国的初中 3 年的代数、几何课程是成功的。莫雷从迁移的角度对排列、组合、概率的样例学习进行了研究。

数学样例学习的设计分为四个方面：① 样例内特征（intra-example feature）的设计，即一个样例如何编；② 样例间特征（inter-example feature）的设计，即多个样例之间如何编排；③ 样例与测试关系的设计，即如何考虑样例与测试的关系，促进迁移；④ 学习者与样例的相互作用的设计。

1. 样例内特征的设计

（1）子目标的设计

Catrambone（1990）在样例设计中，强调将问题解决的目标结构作为设计的主要原则，解释了子目标结构表征的学习之所以能够进行迁移，可能存在三个原因：① 目标结构表征本身是有意义的，将知识有机地结合在一起；② 若解决具有相同子目标、不同解决方法的问题时，学生可通过寻求先前知识（补漏）来解决问题；③ 若所有解决方法都不能达到子目标，学生可在较小的搜索空间中寻找错误之处。

数学样例学习的子目标设计是利用层次型编码的方式。层次型编码不但要清晰地表示出子目标，更重要是要表示出子目标之间的等级关系，以及达到子目标所需的策略和方法，这样会改变学生的问题表征，从而有利于迁移。

（2）条件化的设计

学生有时会不知道在什么情况下使用从学科中学到的知识，因此这些知识便成为僵化的知识。僵化的知识只能在一个有限的背景中才能提取出来。

数学样例学习的条件化设计：① 在呈现样例之后，针对产生式的条件，设计一些填空题，使学生的注意力集中于产生式的条件部分；② 以不完整的样例呈现，要求学生填条件，这条件可以是一个产生式的条件，也可以是产生式系统的条件，即以一个产生式作为条件；③ 针对易错的条件，设计一些正误辨析，强化条件；④ 设计一系列变式的样例，使产生式条件蕴涵在具体的问题情境中，使学生能够再认这些条件。

（3）专家知识和反省问题的设计

Lee（1994）的实验中，将专家如何解决问题的详尽解释的信息加入样例中，并在样例的最后提供反省问题，来引发学生自我解释，以此加入加大样例提供的信息量，从而促进学生的学习。由于优生能够自发产生大量的自我解释，因此，这种设计更有利于差生的学习。

数学样例的专家知识的设计有三种：① 呈现专家的思维过程；② 针对本样例提供具体的指导；③ 针对本样例类型概括地指导。数学样例的反省的设计包括：① 针对本样例的重、难点的反思；② 自我提问的反省问题，例如此问题能否一般化？此问题能否特殊化？此问题能否应用于其他情境？若改变此问题的某个条件，结论如何？此题有没有更好的解决方法？

2．样例间特征的设计

样例间特征的设计包括：① 样例以难度逐渐增大的方式呈现；② 样例的步骤由详细到简略；③ 依据产生式的可操作性的不同，对可操作性强的样例，样例与练习按照交叉设计，即样例1—练习1、……、样例5—练习5；对可操作性弱的样例，按照分块设计，即样例1、……、样例5，练习1、……、练习5。

3．样例与测试间特征的设计

当遇到一个新问题（靶问题）时，人们往往想起一个过去已经解决的相似的问题（源问题），并运用源问题的解决方法和程序解决靶问题。这一问题解决策略被称为类比迁移。样例就相当于源问题，测试中的每道试题相当于靶问题。

样例理论强调源问题与靶问题的具体内容的作用。样例理论的典型代表是多痕迹模型。源问题与靶问题的表面内容和结构内容都被编码，并且具有相同的重要性。

数学文字题的样例与测试间特征的设计分为表面相似和结构相似。表面内容是指问题所涉及的事物、形式、情节等具体内容；结构是指初级关系和高级关系，其中，初级关系是指由两个物体之间的关系所构成的完整命题，高级关系是指在初级关系基础上建立的关系。

4．学习者与样例的相互作用的设计

学习者与样例的相互作用的设计主要表现为自我解释设计。自我解释被定义为学习者向自身做出解释，以此力图理解新信息的活动。研究表明，引导学生对样例进行自我解释，可以促进学生的数学学习。

自我解释的数学样例的设计方法包括：① 样例的呈现采用完整样例和与不完整样例相结合的方式，先呈现完整的样例，后呈现不完整的样例；② 样例呈现的详细程度采用渐减法；③ 在样例中，用不同颜色标出一些条件，促使学生对其做出解释；④ 让学生注明样例中的难点，并给出理由；⑤ 在样例之后，提出一些问题促进事后解释，例如，此样例和前面的样例哪些方面相同，促使学生进行图式归纳。

对材料进行设计以激发学习者自我解释，是一种更有效的自我解释方式。Catrambone 的研究发现，通过解题步骤视觉分离来设计子目标，可以鼓励自我解释，提高学习者的迁移成绩。参照国外的相关研究，鼓励学习者进行间接的自我解释可以通过如下四个方面的设计来实现：① 预期推理设计；② 不完整样例设计；③ 指导性解释设计；④ 教学支持工具设计。

（1）预期推理设计

从好的学习者和差的学习者的自我解释的差异来看：差的学习者仅简单地接受样例的解答，而不去检查它，也不去重新生成它；好的学习者会重新推导样例的解答。传统的数学课程通常同时呈现主观题的题目及其解答，这样会造成差的学习者阅读和记忆样例解答的步骤。预期推理就是针对这个问题设计的，它要求学习者对样例的解答步骤进行预测。该呈现方式就是要促进学生的推理。预期推理设计的步骤如下：首先呈现样例的题目，以后每次只呈现一个步骤，迫使学生对下一步进行预测。Renkl（2002）研究了学习者控制的解答步骤，取得了好的成绩。解答步骤的呈现方式有两种：一种是分屏显示每个解题步骤，第一屏呈现样例的题目，以后的每屏呈现时都增加一个步骤；另一种是在一屏中逐步显示每个解答步骤。无论哪种呈现方式，都由学习者控制，因为学习者控制的方式不仅能适应个体差异，也能培养学习者的主动性。“每个解答步骤”实际上都是一个产生式，包括条件和结论两个部分。产生式是认知心理学的主要概念，就是指“如果……，那么……”的条件推理句。预期推理方式设计的主观题之所以能提高学习者的成绩，不仅因为该设计促使学习者预测，而且学习者的预测能得到及时的反馈，纠正了不正确的自我解释。

（2）不完整样例设计

传统的主观题给出问题完整的解答过程，不能引导学习者进一步思考。不完整样例设计则能弥补这个缺陷。它有三种设计形式：① 从完整样例到问题解决的过渡的设计；② 利用条件化进行样例填充的设计；③ 利用子目标进行样例填充的设计。

从样例到问题解决的过渡的设计是预期推理设计的延伸。该设计形式一开始呈现完整的样例的解答过程；然后逐渐减少样例解答的步骤，而且是从解答的最后一步一步地省略，这是计算机控制的；最后，只剩下样例的题目。如此的步骤递减设计，实现了从完整样例到不完整样例，再到问题解决的逐步过渡。从建构主义的观点来看，这就是逐渐撤掉脚手架的过程。Renkl（2001）的研究表明，递减步骤的设计至少在近迁移方面促进了学习。

利用条件化进行样例填充的设计分为三个阶段。第一阶段，把形如“如果……，那么……”的产生式的结论设为空格，引导学生进行顺向推理；第二阶段，把形如“如果……，那么……”的产生式的条件设为空格，引导学生进行逆向推理；第三阶段，把产生式系统中的某个产生式设为空格，引导学生进行双向推理。

利用子目标进行样例填充的设计只呈现给学习者子目标，把达到此子目标的策略和方法设为空格，引导学习者进行逆向推理。

（3）提供指导性解释设计

研究结果显示，指导性解释对学习有积极效应，因为指导性解释有利于引导学习者进行恰当的自我解释。学习者有时做出了不正确的自我解释，却不知道哪里出现了错误理解。而且，有时即使学习者知道自己处于困境中，但是却不能走出困境。因此，指导性解释是非常重要的。

Renkl 认为，提供指导性解释要遵循以下原则：① 指导性解释要在学习者需要的情况下才能提供；② 指导性解释要以最简单的方式呈现；③ 如果最简单的指导性解释不能解决问题，应该向学习者提供进一步的帮助。

指导性解释设计的方式包括对学习者提出要求和适当的教学反馈等。① 对学习者提出教学要求能使学生的注意集中于样例的解答过程。梅耶研究表明，在学习样例解答过程之前提出的问题有助于学习者深层次地加工呈现的材料，引导学习者在学习期间进行自我解释。当然，对学习者提出的要求也可以出现在样例解答过程中和样例解答过程之后。不同的教学要求性质也不一样。样例解答前的问题与解题分析相似，而出现在样例解答后的问题与反思问题相似。出现在样例解答过程中的问题与解答的具体细节相联系，例如，说出某一步骤的理由，举出某一步骤的正例或反例等。② 教学反馈设计有几种形式：策略反馈、基于概念和规则的反馈、提供正确解答的反馈。三种反馈适用于不同的场合：第一次错误时进行策略反馈，即提示学习者的解题方法，例如，对解答数学应用题，提示学生仔细审题、顺向推理、逆向推理等；第二次错误时进行基于概念和规则的反馈，引导学生把解答过程与已学的概念、规则联系起来；第三次错误时进行提供正确解答的反馈。

（4）教学支持工具的设计

在多媒体教学环境下，专门的教学支持工具可以引导学习者做出自我解释。专门的教学支持工具包括学习同伴（learning companion）、教学代理人（pedagogical agents）和记事本（notepad）。

拥有学习同伴的学习不再是个体学习，而是合作学习。研究表明，利用学习同伴来引导学习者的自我解释，会有助于学习者开展学习，即使以后在没有学习同伴的条件下，此影响仍然存在。

教学代理人相当于教师。用动画人物（代理人）回答学习者提出的问题，用姿势（如手势）和注视（如把头和眼睛转向相应的材料）来引导学生的注意力，可以激发学生的动机和情感因素。由于代理人可以与学习者进行非言语的交流，所以能够引导学习者开展更深入的思考，对样例做出深层次的自我解释。研究表明，与代理人交互作用条件下的学习者比与代理人非交互作用条件下的学习者的迁移成绩更好。

记事本相当于一个脚手架，学习者用它来记录自我解释。如果学习者用总结、自我提问等更策略化的形式在记事本上记笔记，则记事本能帮助学习者更精确地解决问题。结果表明，使用记事本来解决问题和自我解释的学习者学习得更好，在学习者停止使用记事本时，使用记事本的正面影响依然存在。

第五节　数学应用题图式的层次性

一、数学认知图式

最早提出图式这个概念的心理学家是巴特莱特（Bartlett，1932）。他采用有意义的故事、图画和散文作为实验材料开展记忆实验，研究发现，回忆得到的信息与实验材料相比，实验材料的结构保存下来了，但那些不重要的部分被遗忘了。在记忆研究基础上，巴特莱特提出了图式的概念，将图式界定为“关于过去反应或以往经历的一种主动组织”。Rumelhart 界定图式为“表征某些刺激领域的有组织的知识体系或心理结构”。Thorndyke 界定图式为“表征一类程序、物体、知觉、事件、事件序列或社会情境的一组知识，这组知识为一个可以示例化（instantiated）或用被表征对象的特性加以填充的概念提供了框架结构”（转引自辛自强，2005）。

综上所述，尽管心理学家们对图式的界定各不相同，但都认为图式是用以表征客观事物及其关系的知识结构或心理结构。正如 Alan（1996）所述，无论是图式、脚本、框架，还是网络，它们的基本内涵都是一致的。也就是说，图式是个体的知识结构，它对输入的新信息进行选择、组织，并将其整合到一个有意义的框架中，以促进信息理解。因此，数学认知图式就是学习者在数学学习的过程中，在对数学学习材料进行概括的基础上形成的、存储在长时记忆中的、具有框架结构的陈述性知识。

二、图式的特点

Thorndyke（1984）认为，图式具有抽象、示例化、预测、归纳和层次性这五个特征。以下面的问题为例，阐述图式的这些特性。一辆汽车在上午10：00 以 30 英里/时的速度离开某地，另一辆汽车在上午 11：30 从同一地点沿同一路线，以40英里/时的速度出发。问多长时间后第二辆汽车超过第一辆汽车？

第一，抽象性。由于图式是表征客观事物及其关系的知识结构，因此，抽象性是图式的最重要的特征之一。例如，图式 $v_1t_1 = v_2t_2$ 不但是这一个问题的图式，还是一类追及问题的图式。

第二，示例化。图式可以用变量来表示，变量可以用特定的实例加以填充（示例化）。例如，图式 $v_1t_1 = v_2t_2$ 是抽象的，（　）（　）=（　）（　），它具有四个“槽”，其中，两个速度“槽”和两个时间“槽”。通过在每个“槽”中填入具体的信息，使图式实现示例化。若设第二辆汽车所用的时间为 t，则第一辆汽车所用的时间为 $t+1.5$。因此，图式 $v_1t_1 = v_2t_2$ 示例化为 $(30)(t+1.5)=(40)(t)$。

第三，预测。如果输入图式中的信息不完整，利用图式可以对期望的信息加以预测。预测可以理解为推理，主要是对进入图式的“槽”的缺失值方面的信息做出预测。例如，此题中，“若设第二辆汽车所用的时间为 t，则第一辆汽车所用的时间为 $t+1.5$”就是通过预测得到的。问题越难，推理（预测）就越重要。

第四，归纳。归纳是图式获得的重要方式之一。在样例学习或问题解决中，通常呈现给学习者几道相关数学应用题的样例（或问题），学习者从中归纳出数学认知图式“$v_1t_1 = v_2t_2$”。

第五，层次性。在Hinsley等的研究中，被试根据问题表面内容的相似性对问题进行分类，他们甚至只听到几个词就能分类，比如距离问题、利息问题、面积问题等。但是随着专长的增加，人们能根据解题程序的相似性对问题进行分类。这暗示图式是按照层次性方式组织起来的，随着专长的增加，图式的概括性也增强（转引自辛自强，2005）。此应用题涉及的图式有 $v_1t_1 = v_2t_2$ 和 $s=vt$ 等。但 $s=vt$ 代表所有行程问题的图式，而 $v_1t_1 = v_2t_2$ 只是表示追及问题的图式，学生开始可能只有图式 $s=vt$，但随着对几个追及应用题的归纳，逐步形成图式 $v_1t_1 = v_2t_2$。然而，关于图式组织的层次性问题缺乏强有力的实证研究，需要研究者今后在这方面予以完善。

三、图式与知识

图式是大脑中的知识结构，它有别于学科的知识结构或教材逻辑体系所体现的知识结构，它们之间的差异主要表现在如下方面：① 知识的表征方式不同，教材中的知识主要是以语言文字的方式详细表征的，而头脑中的知识主要以语义的方式简约表征的；② 知识的构造方式不同，教材中的知识逻辑性强，而学生头脑中知识的逻辑性有所淡化；③ 知识的系统性不同，教材中的知识是系统的，而由于遗忘规律的作用，头脑中的图式常常缺乏系统化；④ 知识的熟练程度不同，头脑中的图式有熟练程度的问题，而教材中的知识不涉及熟练程度问题（张庆林，1995）。

图式在学习中扮演着重要的角色，具体表现在如下方面：① 选择进入大脑的知识；② 把大量知识组织成一个单一的知识结构，从而使工作记忆能加工更多的信息。由于图式在学习中的重要地位，因此，促进知识从外在表征转向内在表征就显得尤其必要。

四、数学认知图式的抽象性

尽管数学认知图式具有 Thorndyke 定义的图式的五种特征，但数学认知图式的抽象性更强。数学认知图式的抽象性是由数学学科知识的抽象性和应用的广泛性决定的，且数学认知图式的抽象性有别于其他知识领域图式的抽象性。

数学认知图式的抽象包括强抽象、弱抽象和广义抽象。这与徐利治（1985）所界定的“抽象”在范畴上一致。如果通过引入新特征强化原结构来完成抽象，这种抽象称为“强抽象”。例如，图式“$(a+b)^2=a^2+2ab+b^2$”，开始获得此图式时，a，b 被认为是单个字母，随着学习的深入，a，b 可以看作单项式或多项式，因此，尽管还是同样的一个公式，但抽象度提高了。如果在定义图式 B 时用到了图式 A，则称图式 B 是图式 A 的广义抽象，即图式 B 比图式 A 抽象。例如，定义图式“$(a+b)^2=a^2+2ab+b^2$”时，用到图式“$(a+b)(c+d)=ab+ad+bc+bd$”，则称图式“$(a+b)^2=a^2+2ab+b^2$”比图式“$(a+b)(c+d)=ab+ad+bc+bd$”抽象，这种抽象称为广义抽象。而弱抽象是一种不同的抽象方法，即从图式中选取某一特征加以抽象，从而获得比原图式更一般性的图式，使原图式成为后者的特例。例如，图式“$P_1\times A_1+P_2\times A_2=P_3\times A_3$”是从方程 $0.06a+0.12(4.5-a)=0.08\times 4.5$ 抽象而来的，把具体的溶液浓度和溶液质量抽象为字母。同样地，图式“溶质的质量$_1$ + 溶质的质量$_2$ = 溶质的总质量”是从图式“$P_1\times A_1+P_2\times A_2=P_3\times A_3$”再次抽象得到的。由于数学认知图式是通过逐层抽象而来的，所以它的抽象程度会越来越高。

五、数学认知图式的层次性

数学应用题在国外被称为数学文字题（mathematical word problems），是以现实世界中的事件与关系为题材，用自然语言叙述，以执行数学运算为主的问题。如果应用题只执行加减运算，就称为加减应用题；如果应用题只执行加、减、乘、除运算，就称为算术应用题。一个被广泛接受的加减应用题分类是根据问题的语义结构（semantic structure）将问题分为3种类型：合并题（combine problems）、变化题（change problems）和比较题（compare problems）。

刘广珠（1996）认为，儿童的比较图式依照动作图式、表象和思维的图式的顺序发展。动作图式是在事物操作过程中依靠动作表征数量关系，从而理解题意，获取答案。它是低水平的。表象图式是动作图式内化的结果，表面看来没有任何动作操作，实际上儿童是通过实物的表象操作解决问题。思维图式是利用符号进行解题，儿童脱离了实物的具体形象，出现了抽象思维。动作图式、表象图式和思维图式之间具有层次性关系。

徐敏毅（1994，1995）认为，在大量日常生活经验的基础上，儿童首先发展出相应的认知加工图式，比如，变化图式、比较图式和合并图式等；然后，在正规的数学教育影响下，儿童将这一系列非正规的图式整合成正规的“部总关系推理图式”。变化图式、比较图式和合并图式可以被看作是部总关系推理图式的低级图式。部总关系推理图式是儿童在解决简单算术应用题时最终形成的高级图式。当儿童形成部总关系推理图式后，就能够根据问题量之间的本质关系——部总关系“$部分_1+部分_2=总体$”进行加工，因此，可以摆脱问题表面结构的影响，从而对问题进行更加有效、准确的加工。这时，儿童的加工方式是自上而下受概念驱动的，解决问题的过程从一开始就受部总关系图式的引导，把所有的简单算术应用题分为两类：求总数和求部分数。

Low等（1992）研究了“有关矩形面积问题图式的层次性”，研究表明，对不同个体，掌握模板（templates）的相对次序是不变的；当学生缺少高层次的模板知识时，他们将尝试应用低层次的模板。由低到高的4块模板如下：① 面积可以通过相邻两边计算得到；② 一边和另一边与此边的关系；③ 一边和周长；④ 一边和对角线。

辛自强（2005）对Low的实验材料进行了修改，实验结果支持了Low的结论：矩形面积问题图式具有层次性。具有层次性的由低到高的4块模板如下：① 两条邻边已知；② 一边及它与邻边的关系（倍数或和差关系）；③ 周长与一边；④ 周长与邻边的关系（倍数或和差关系）。

辛自强（2003）以如下问题为例，研究解决算术应用题中图式与策略的关系。为迎接“五一”劳动节，红星电视机厂的甲、乙两个车间进行3天的生产劳动比赛，甲车间第一天生产电视机15台，第二天生产17台，第三天生产21台，乙车间前两天共生产32台，请问乙车间第三天最少要生产多少台才能超过甲车间？研究发现，人们解决此应用题时有三个水平的图式：初级图式、二级图式和三级图式。部分－整体关系图式（初级图式）为：甲车间生产的电视机的总台数＝甲车间第一天生产的电视机的台数＋甲车间第二天生产的电视机的台数＋甲车间第三天生产的电视机的台数，乙车间生产的电视机的总台数＝乙车间前两天生产的台数＋乙车间第三天生产的电视机的台数。比较关系图式（二级图式）为：乙车间生产的电视机总台数＝甲车间生产的电视机总台数＋1。对应等同关系图式（三级图式）为：乙车间第三天生产的电视机的台数＝甲车间第三天生产的电视机的台数＋1。只具有初级图式的学生不能正确解题；具有二级图式的学生只能使用常规策略解题，常规策略为：15＋17＋21＝53，53＋1＝54，54－32＝22。具有三级图式的学生才能使用快捷策略解题。快捷策略为：21＋1＝22。

徐敏毅（1994，1995）所讨论的合并图式和变化图式都是非正规的图式，都是根据题目的语义关系分类的。因此，这些图式相当于前图式水平。刘广珠（1996）认为，儿童的比较图式依照动作图式、表象图式和思维图式的顺序发展。动作图式与表象图式也相当于前图式水平，我们讨论的数学图式的层次性主要集中在思维图式的范围内。

Low（1992）及辛自强（2005）的4个模板的层次性反映了数学应用题图式的层次性。这些图式的层次性属于一种类型抽象。这种图式抽象是一种广义抽象，即如果在定义图式 B 时用到了图式 A，则称图式 B 是图式 A 的广义抽象，即图式 B 比图式 A 抽象。例如，辛自强（2003）把只关于甲车间（或乙车间）生产电视机的数量关系称为一级图式，把设计甲、乙两者关系的数量关系称为二级图式。在定义二级图式时用到了一级图式，因此，二级图式比一级图式抽象。在二级图式的基础上，从“甲、乙车间前两天的生产电视机的总台数相等”这个数量事实出发，由二级图式和数量事实得到一个数量关系式，称之为三级图式。由于定义三级图式时用到了二级图式，因此，三级图式比二级图式抽象。用同样的理论框架可以总结Low（1992）和辛自强（2005）所提出的图式的层次性。

笔者认为，用数学应用题类型知识来解题是初学者的解题策略，这对于掌握数学知识是必需的。数学应用题类型知识相当于前图式水平，向“专家”成长的过程中，学习者一定要逐步形成更抽象的图式（从前图式水平到初级认识图式，再到高级认知图式）。当然，图式抽象水平应该符合现实的思维发展水平。一方面，教学生图式抽象时，不能局限于学生当前的思维发展水平，要积极推动学生抽象思维水平的发展；另一方面，也不能单凭教师的主观愿望一味强调图式抽象，当所学超出学生的接受能力时，总结出来的高级认知图式知识就会给学生带来记忆负担，很难被他们灵活地运用到解题活动中。

数学认知图式的层次性与其他知识领域的层次性不同。例如，“人体”图式，由脸、胳膊、腿、躯干等子图式组成，每一个子图式又包括更小的子图式，因此，“人体”图式是一个树状结构，每一个图式作为大树的一个分杈，同时又根植于其中，组成图式树。而本节的数学认知图式层次性是指数学认知图式之间的层次性，而不是某个数学认知图式与其“槽”（子图式）之间的层次性关系。

六、数学应用题的结构分析方法

数学应用题结构分析方法主要包括命题分析法、网络语言分析法、关系-函数分析法、任务分析地图法。这四种方法皆引自杨向东（2013，2014）的研究。

（一）命题分析法

命题由一个关系概念及一个或多个论元（argument）组成（Kintsch 和 Van Dijk，1978）。论元可以是一个概念，也可以是一个嵌入式命题，例如，句子“约翰和玛丽都喜欢数学老师”可以分解成如下三个命题 P：P_1（和：约翰、玛丽），P_2（喜欢：P_1，老师），P_3（修饰：老师，数学），其中，命题 P_1 作为一个嵌入式命题，成为 P_2 的一个论元。命题可以分为三种类型，即谓语命题（P_2）、修饰命题（P_3）和连接命题（P_1）。从重要性来看，谓语命题是重要的命题，修饰命题和连接命题是次要命题。

以命题为基本单位，文本的语义结构可以表征为一系列彼此相连的命题，而这些命题包括文本中所有明确表达的命题和从文本中推断得到的命题。不同命题之间通过论元的重叠形成联系，这样，文本就可以表示成一个相互联系的命题网络。一般而言，处于命题网络图上面的命题往往是核心命题。通过命题分析法，可以对数学应用题进行命题分析，例如，追及问题“丁丁步行去少年宫，他平均每分钟走 75 米。丁丁走 8 分钟后，爸爸骑车追赶，他每分钟比丁丁多走 120 米，爸爸几分钟后能在途中追上丁丁?”可以被表征为下列命题系列 P_i：

P_1（去：丁丁，少年宫）

P_2（修饰：P_1，步行）

P_3（速率：P_1，75 米/分钟）

P_4（比……晚：P_6，P_1）

P_5（持续时间：P_4，8 分钟）

P_6（追赶：爸爸，丁丁）

P_7（修饰：P_6，骑车）

P_8（比……快：爸爸，丁丁）

P_9（速率：P_8，120 米/分钟）

P_{10}（追上：爸爸，丁丁）

P_{11}（持续时间：P_{10}，？分钟）

追及问题命题分析法得到的结构关系见图 3-5。P_{10}成为处于最上位的核心命题，P_1、P_6与P_{10}各共享一个共同的论元，问题中描述的命题关系用实线连接，没有交代的命题关系用虚线联接，P_3与P_8之间用虚线相连。图中的每个结点都是命题，而不是某个概念（变量、常量），画图的过程能否促进学习者理解问题？如果教学习不良的学生画命题分析图，是否能够促进问题的解决？

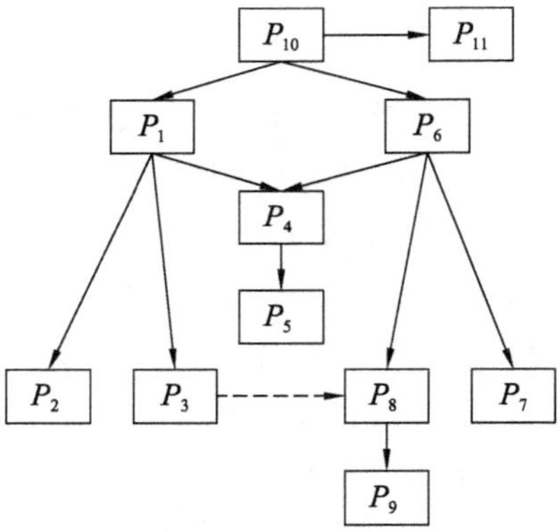

图 3-5　不同命题之间的结构关系

（二）网络语言分析法

网络语言分析法最早由 Quintero（1981）提出，由 Shalin（1985）加以完善。该方法的理论假设是，代数应用题的数学结构是由各种数量元素及其关系构成的一个网络。Shalin（1985）区分了数学结构中的四种数量元素：广延元素、集中元素、差别元素、因子元素。广延元素是指事物的基本属性，例如，时间、距离等；集中元素是两个基本属性之间的某种关系，例如，速度是距离与时间之商；差别元素是两个元素数量之间的加减比较，例如，爸爸每分钟比丁丁多走 120 米；因子元素是指两个元素数量之间的乘除比较，例如，长是宽的 2 倍。在网络语言分析法中，每个元素用一个文本框来表示。不同类型的数量元素用文本框上方的不同形状来加以区分，广延元素在长方形框上面是一个小长方形，集中元素在长方形框上面是一个弓形，差别元素在长方形框上面是一个三角形，因子元素在长方形框上面是一个梯形（图3-6）。三个元素的关系组合构成一个三阶组合（triad）。复杂应用题是由不同的三阶组合构成的。不同的三阶组合存在三种结合方式：嵌套型、共享整体型和共享部分型（图3-7）（杨向东，2014）。

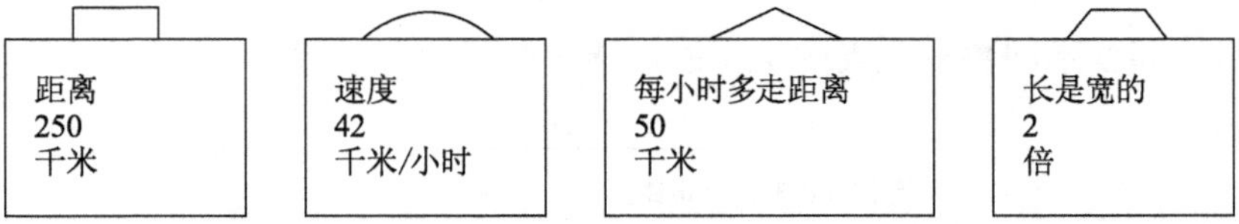

(a) 广延元素　(b) 集中元素　(c) 差别元素　(d) 因子元素

图3-6　不同类型数量元素的表征方式

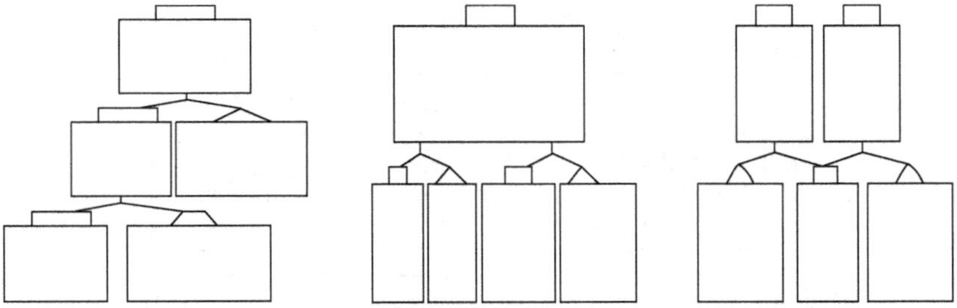

(a) 嵌套型　(b) 共享整体型　(c) 共享部分型

图3-7　三阶组合的组合方式

例1（嵌套型）　小军今年6岁，爸爸的年龄是小军的6倍，爷爷的年龄比爸爸大30岁，爷爷今年多少岁？

该例题由两个三阶组合构成，即“爸爸的年龄 = 6 × 小军的年龄”和“爷爷的年龄 = 爸爸的年龄 + 30”。第一个三阶组合的总数“爸爸的年龄”成为第二个三阶组合中“爷爷的年龄”的一个组成部分，从而两个三阶组合形成嵌套关系。

例2（共享整体型）　水果店运来24箱水蜜桃，每箱12只，已经卖出去189只，还剩多少只？

该例题由两个三阶组合构成，即“水蜜桃的个数 = 12 × 24”和“水蜜桃的个数 = 已卖189个水蜜桃 + 剩余水蜜桃个数”。两个三阶组合具有共同的上位总数“水蜜桃的个数”，形成共享整体型结构。

例 3（共享部分型）　花店的每束玫瑰花由 6 支红玫瑰和 4 支白玫瑰组成。中午时小明清点已经卖出的玫瑰花束，发现已经卖出了 48 支红玫瑰，白玫瑰卖出多少支？

该例题由两个三阶组合构成，即“48 支红玫瑰 =6 支红玫瑰/束 × 卖出的玫瑰花束”和“卖出的白玫瑰 =4 支白玫瑰/束 × 卖出的玫瑰花束”。两个三阶组合具有共同的下位成分“卖出的玫瑰花束”，形成共享部分型结构（杨向东，2013）。

追及问题不同数量元素的结构图如图 3-8 所示。

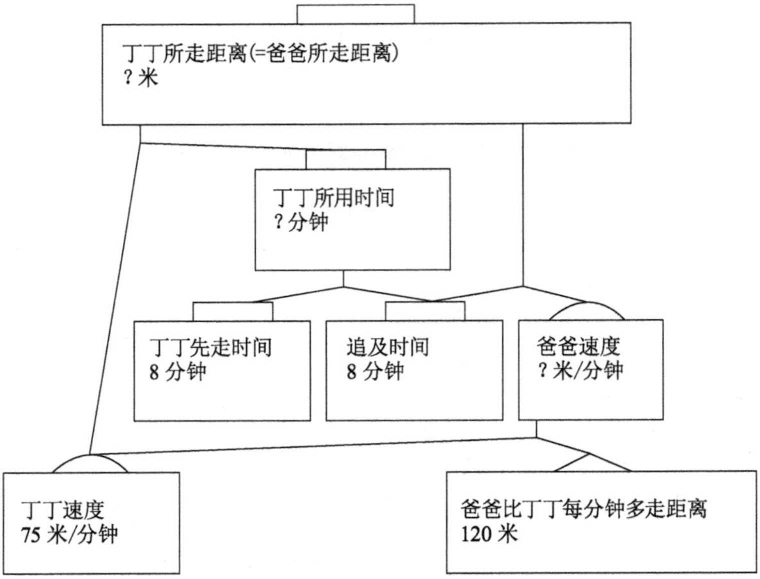

图 3-8　追击问题不同数量元素的结构图

（三）关系 - 函数分析法

关系 - 函数分析法由 Hall 等（1989）首先提出，Yerushalmy 和 Gilead（1999）进一步发展完善。该方法主要用于分析代数应用题的情境结构。在关系 - 函数分析法中，问题情境被视为特定时空下彼此关联的各种事件。事件描述了特定时空内某种活动及其结果。

追及问题情境结构图如图 3-9 所示。追及问题包含两个事件，即丁丁在一段时间内步行到少年宫和爸爸在一段时间内骑车追赶。时间和距离可以作为刻画该事件的维度。A 和 D 分别表示丁丁被爸爸追上时所用时间的起点和终点，AD 这一区间定义了爸爸追上丁丁所用的时间。同一维度不同区间属于共线关系。两个区间的共线关系可以分为一致性和相邻性两种情况，其中，一致性又分为完全一致性和部分一致性。丁丁所走的距离 d_1 和爸爸所走的距离 d_2 这两个区间具有相同的起点和终点，并且在每一点上都是重叠的，因而属于完全一致性关系。相比之下，时间维度上的两个区间 t_1（丁丁所用的时间）和 t_2（爸爸追及所用的时间）属于部分一致性关系，t_3（丁丁先走的时间）和 t_2 属于相邻性关系。事件在不同维度上的对应区间还具有方向性（用箭头表示）。例如，t_1 对应的带箭头线段表示时间区间 AD 从丁丁出发开始算起，到丁丁被爸爸追上时截止。AC 给出了丁丁所走时间（t_1）与其所走距离（d_1）之间的对应关系。直线 AC 的斜率表示丁丁步行的速度（75 米/分钟），它定义了 t_1 和 d_1 之间的一个函数关系，即 $d=f(t)=75t$，表示 d_1 随着 t_1 变化而变化的速率。维度、位置、区间、斜率构成了关系－函数分析法的基本要素。

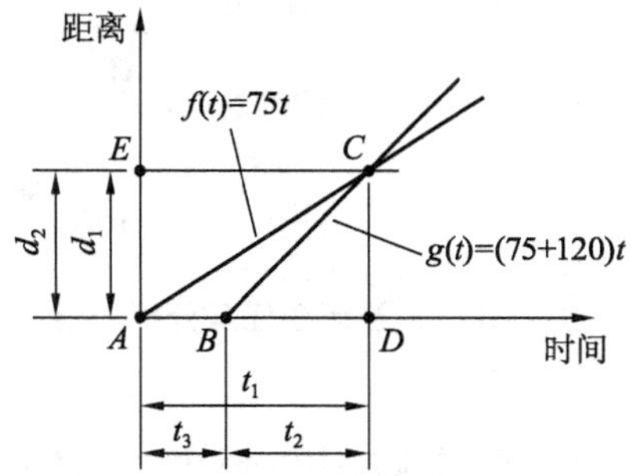

图 3-9　追及问题情境结构图

（四）任务分析地图法

任务分析地图法由 Chick 等（1988）提出，经过多位研究者完善，该方法侧重于对问题解决过程的分析。该方法将个体问题解决过程分为问题线索、加工（process）或概念和结果三个部分。其中，问题线索包括问题所求未知数和问题提供的数量元素或相关概念，用符号▲表示。在问题解决过程中，个体运用相关概念或加工（表示为●）选择和加工不同的数量元素，推导出一个或多个问题解决的中介结果，并导致问题最终结果的形成（表示为■）。追及问题任务分析地图如图 3-10 所示。

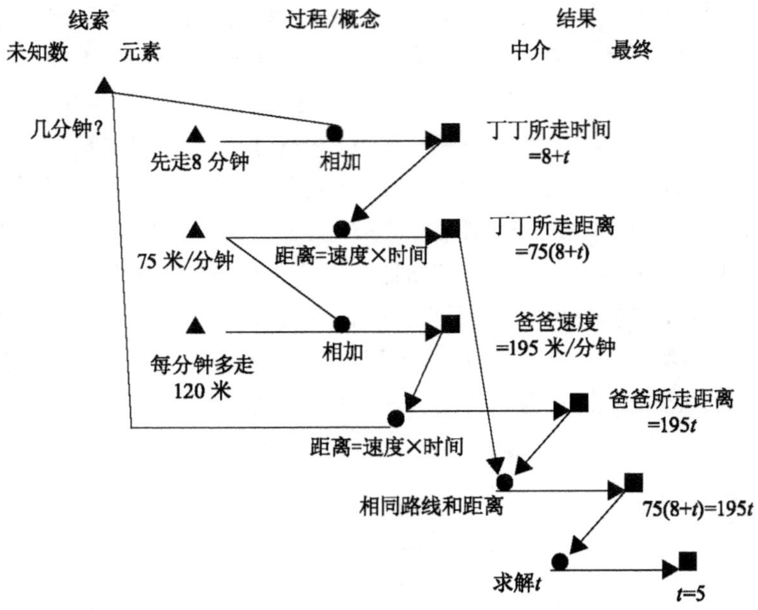

图 3-10　追及问题任务分析地图

第六节　数学应用题图式的研究方法

数学应用题，在国外被称为数学文字题（mathematical word problems），是以现实世界中的事件与关系为题材，用自然语言叙述，以执行数学运算为主的问题。如果应用题涉及字母运算，就称为代数应用题；如果应用题只执行加减运算，就称为加减应用题；如果应用题只执行加、减、乘、除四种运算，就称为算术应用题。

一、解题法

解题法就是通过对数学应用题的解答来间接考查学生对数学应用题图式的获得情况。这个方法是研究数学应用题获得的主要方法（Reed，1987；Silver，1982）。数学应用题的解决涉及列式和计算两个认知加工。学生的主要困难在于列式。此方法的理论假设是：如果学生能够解答问题，那么他就具备此应用题图式；否则，就不具备此应用题图式。

二、回忆法

当要求学生阅读和回忆 8 个应用题时，学生回忆不常见的问题（如很少出现在课本上的问题）比回忆常见问题（如经常出现在课本上的问题）出现更多的错误（Mayer，1982）。Silver（1981）发现，能力强的九年级学生能回忆出数学应用题的结构信息，而能力弱的学生只能回忆出应用题的表面信息。

使用回忆法研究图式的第一个方法是研究相关信息和不相关信息的保留率。如果学生没有意识到图式，则会以相同的方式对待相关信息与无关信息。然而，如果学生在编码和提取时意识到图式，他们应该更集中于与问题图式相关的信息。为了检验此假设，比较回忆相关信息（赋值命题、关系命题、问句命题）的平均错误率和无关信息（细节）回忆的错误率。回忆一个命题要求回忆一个变量（例如，千米/时、时间数、每磅的花费）和正确的关系，而细节的回忆仅要求回忆一个无关的具体变量（如人物的姓名、车的类型）。用回忆法研究图式的第二个方法是研究“问题被正确回忆的概率”和“问题呈现在标准课本上的频数”的关系。按照图式假设，越典型的问题回忆得越好。用回忆法研究图式的第三个方法是研究错误类型。按照图式假设，命题的转化应该更可能从低频问题转变为高频问题。

三、建构法

建构问题就是要求学生编问题。使用该方法研究小学二年级学生编制加减应用题的特点。

（一）问题提出

加减应用题是指运用加法或减法运算解答的简单数学应用题，是小学低年级学生学习的重要内容。一个被广泛接受的加减应用题分类是根据问题的语义结构（semantic structure）将问题分为三种类型：合并题（combine）、变化题（change）和比较题（compare），每一类型根据未知集类型又可进一步分类。

编制是研究加减应用题的一种重要方法。用建构法研究图式的方法是：如果被试拥有应用题图式，他们应该能够构造与标准数学课本上的典型应用题相对应的应用题。为了检验此假设，构造的问题被分为 6 类，① 简单问题：应用题涉及给定两个变量的值，要求求第三个变量的值。② 复杂问题：应用题涉及比三个变量公式更复杂的情境，如追及问题。③ 其他问题：来自于与提示不同类型的应用题，如提示线索是行程问题，而编出来的是面积问题。④ 算术问题：应用题不涉及任何基本公式，但涉及简单的加、减法。⑤ 部分问题：应用题不涉及任何基本公式，但涉及一个总体分成两个部分的情境。如总旅程花费3小时，第一部分花费的时间是第二部分的2倍，问第一部分花费的时间为多少？⑥无效问题：口语报告中包含不完整的问题，最典型的无效问题是缺少问题。仅有20%的构造问题是复杂应用题，其中，几乎所有的问题是数学课本上最经常呈现的问题（Mayer，1981）。研究表明，被试拥有一些非常基本的应用题图式，主要是算术问题图式和部分整体图式和简单公式问题图式，其掌握更复杂的图式的证据是不明显的。

Lewis（1987）要求大学生根据两个句子编写一个数量关系句，例如，两个句子分别为：在ARCO（地名）汽油的价格是每加仑1.13美元；在Chevron（地名）汽油的价格是每加仑1.18美元。结果发现，学生更喜欢使用“高、多、大”等词语，而不喜欢使用“低、少、小”等词语，编出数量关系句“Chevron的汽油价格比ARCO的汽油价格高0.05美元”。梅耶（1982）研究了大学生对数学应用题的编制情况，结果表明，赋值命题与关系命题的比是25∶1，即大学生更喜欢编制赋值命题。周新林（2000）要求2~6年级学生编制算术应用题，研究结果表明，只编出比较集未知题的人数显著多于只编出标准集未知题的人数，先编出比较集未知题的人数显著多于先编出标准集未知的人数，即学生更喜欢编制比较集未知题。

综上所述，在编制数学应用题时，学生对某些词（如高、多、大）、命题（如赋值命题）和问题（如比较集未知题）表现出偏爱。周新林（2000）只研究了学生对比较题中“问题”的偏爱，本节对加减应用题的“问题”的偏爱做进一步的考查，同时研究优差生在数学应用题编制方面的差异。

（二）方法

1. 研究目的

（1）研究小学二年级学生编制加减应用题的特点。

（2）研究优差生编制加减应用题的差异。

2. 被试

由于加减应用题主要分布在苏教版小学一年级上（下）册、二年级下册教材中，因此，选择二年级上学期的学生作为被试，他们编写加减应用题几乎很少受到当前教学的直接影响，可以很好地考查存储在大脑中的加减应用题的类型及其提取的难易程度。依照期中考试成绩，选取优差生各22人。

3. 材料

每人分发一张 A4 的白纸，上面印有指导语“小朋友们，我们已经学过了许多一步计算的应用题，现在就请你来编一些一步计算的应用题，要求：① 每题都要用上‘小明’‘小华’这两个人名和‘苹果’这个词；② 只能用加法或减法进行计算；③ 编成的应用题只要一步计算就能解答；④ 把编好的题目写在下面的空白处。比一比！赛一赛！看谁编得多，编得好！（时间 20 分钟）”主试对指导语逐条讲解，回答学生的疑问，直至被试理解为止。本研究要求用“小明、小华、苹果”编题，可以控制问题在情境上的差异，探索问题的数量关系特点。

（三）结果

编码由两名专业人员负责，编码一致性在 90% 以上。对于编码中少量不一致的地方，由两名人员讨论后达成一致。

1. 小学二年级学生编制加减应用题的特点

从编制顺序和数量两个角度研究小学二年级学生编制加减应用题的特点，对每个角度，再从语义结构类型和不同未知集类型两方面进行比较。

（1）编制顺序

① 不同语义结构问题的编制顺序

按照语义结构将加减应用题分为合并题、变化题和比较题。不同语义结构问题的编制顺序是指被试在编制加减应用题时，先编制合并题、变化题还是比较题，编题顺序主要取决于被试第一个正确编制问题的语义结构类型。合并题在变化题、比较题前面的人数 28 人，合并题在变化题、比较题后面的人数 6 人，$\chi^2=14.20>\chi^2_{(1)0.01}=6.63$，$p<0.01$，即在能够编出问题的学生中，合并题在变化题、比较题前面的人数显著多于合并题在后面的人数，合并题是极易提取的语义结构问题。

② 不同未知集类型问题的编制顺序

合并题分为总体集未知题和部分集未知题；变化题分为结束集未知题、变化集未知题和开始集未知题；比较题分为差集未知题、比较集未知题和标准集未知题。编题顺序主要取决于被试第一个正确编制问题的未知集类型。

对合并题来说，总体集未知题在部分集未知题前面 29 人，总体集未知题在部分集未知题后面 2 人，$\chi^2=23.50>\chi^2_{(1)0.01}=6.63$，$p<0.01$，即在能够编出问题的学生中，总体集未知题和部分集未知题的编制顺序有显著差异，被试总是先编制总体集未知题。对变化题来说，结束集未知题在变化集未知、开始集未知题前面 12 人，结束集未知题在变化集未知、开始集未知题后面 3 人，

$\chi^2=5.40>\chi^2_{(1)0.05}=3.84$，$p<0.05$，即在能够编出问题的学生中，结束集未知题和变化集未知题（开始集未知题）的编制顺序有显著差异，被试总是先编制结束集未知题。对比较题来说，差集未知题在比较集未知题、标准集未知题前面12人，差集未知题在比较集未知题、标准集未知题后面4人，$\chi^2=4.00>\chi^2_{(1)0.05}=3.84$，$p<0.05$，即在能够编出问题的学生中，差集未知题和比较集未知题（标准集未知题）的编制顺序有显著差异，被试总是先编制差集未知题。

（2）编制数量

① 不同未知集类型问题的编制数量

对每个学生来说，每个不同未知集问题只计1次。正确编出总体集未知题有33人，部分集未知题有9人，$\chi^2=13.90>\chi^2_{(1)0.01}=6.63$，$p<0.01$，即总体集未知题显著多于部分集未知题；正确编出结束集未知题有13人，变化集未知题有6人，开始集未知题有4人，$\chi^2=4.50<\chi^2_{(2)0.05}=5.99$，$p>0.05$，即变化题的三种未知集类型的题目数无显著差异；正确编出差集未知题有13人，比较集未知题有6人，标准集未知题有0人，$\chi^2=13.40>\chi^2_{(2)0.01}=9.21$，$p<0.01$，即差集未知题显著多于比较集未知题和标准集未知题。

② 不同语义结构问题的编制数量

对每个学生来说，每个不同语义结构问题只计1次。正确编出合并题有42人，变化题有23人，比较题有19人，$\chi^2=9.6>\chi^2_{(2)0.01}=9.21$，$p<0.01$，合并题、变化题和比较题的数目有显著差异，合并题的数目显著多于变化题和比较题的数目。

2. 优差生编制加减应用题的差异

从编制正确题目数、重复题目数和错误题目数三个方面，揭示优差生编制加减应用题的差异。

（1）编制出的正确题目数比较

对每个学生来说，每个不同未知集问题只计1次。研究发现，除比较集未知题和标准集未知题外，优等生在其余问题类型上的编题数量都显著多于差生。

（2）重复编制题目的平均数比较

重复编制问题是指正确编制多个同一种未知集类型的题目。例如，编制多个总体集未知题。优等生平均重复题目数为2.05题，差生平均重复题目数为0.74题。$t=2.571$，$p=0.014<0.05$，优等生的重复题目数显著多于差生的重复题目数。

（3）编制错误题目的平均数比较

优等生平均错误问题数为 1.00 题，差生平均错误题数为 2.48 题。$t=2.378$，$p=0.024<0.05$，优等生的错误问题数显著少于差生的错误问题数。

（四）讨论

1. 编题顺序

在苏教版教材中，总体集未知题在部分集未知题的前面，结束集未知题在变化集未知题、开始集未知题的前面；差集未知题在比较集未知题、标准集未知题的前面。所以，学生编题顺序与教材中问题的呈现顺序一致，教材中的问题顺序可能充当了提取线索。

先编出总体集未知题和差集未知题的被试较多，说明学生大多是先编出赋值命题，再编出关系命题。此结论也与梅耶（1982）的研究结论一致，即人们偏爱赋值命题。被试先编出结束集未知题可能是因为陈述顺序与事件发生发展的时间顺序一致。

上述试验结果说明，学生编制问题不仅受到教材编排顺序的影响，还可能受到问题本身结构的影响。

2. 编写的题目数

加减应用题集中在苏教版小学一年级上（下）册和小学二年级下册的教材中，由于被试是小学二年级上学期的学生，所以他们学过的加减应用题主要集中于小学一年级教材。一年级教材中各类问题的频数与学生编出的对应问题数的相关系数为 0.824，$p=0.012<0.05$，这说明编写出的问题频数与教材中出现的对应问题的频数显著相关。也就是说，教材中出现越多的问题类型越容易被学生编出来。由于开始集未知题难于变化集未知题（周新林，2003），而教材中开始集未知题多于变化集未知题，因此被试编出两类问题的数目可能无显著差异。

3. 优差生编题的差异

由于被试还未学过比较集未知题和标准集未知题，所以正确编写这两类问题的优差生数量无显著差异。优差生在编制其他类型未知题的数量上都有显著差异。

优等生编写的错误问题显著少于差生的原因可能是：大多数优等生已经获得了加减应用题图式，而许多差生还没有获得加减应用题图式。优等生编写的重复问题显著多于差生的原因可能是：优等生虽然已经获得了加减应用题图式，但是图式的概括性还不高，也就是说，他们还不能将问题结构与情境结构完全分离开来，故编出许多类型相同的问题。

4. 研究意义

首先，编题是研究加减应用题图式的有效方法。研究表明，优差生在编制频数上存在显著差异，这说明从编题的数量就可以预测学生的数学成绩。其次，小学二年级学生形成加减应用题图式是有一定顺序的，这为教学设计指明了方向。

四、分类法

分类法通常的程序如下：呈现给被试一些问题，要求被试按照问题解答的相似性对问题进行分组，不允许学生使用笔、纸解决问题，同时，要求被试说出分类的理由。

辛自强（2005）以小学三、四年级的 60 名儿童为被试，采用对基本算术应用题分类的方法测量图式。研究结果表明，被试问题的分类有前图式水平、图式水平、解题程序分类三种情况，前图式水平又分为三个水平（水平 0、水平 1 和水平 2），图式水平又分为两个水平（水平 3 和水平 4）（表 3-1）。

表 3-1　算术应用题分类水平与标准

	分类水平	分类表征与方法
前图式水平	水平 0	不会分类，如不会概括分类标准，或一题一类等
	水平 1	根据数量指称的事物，如弹球、邮票等分类
	水平 2	根据题目中与数量有关的字眼，如“给”“多”等分类
图式水平	水平 3	根据对数量关系的初步概括或反映数量关系的线索词，比较准确地分类
	水平 4	根据对集合关系的本质概括进行基本正确的分类
解题程序	水平 5	按照解题运算方法或程序分类，如分成加法题或减法题

五、评估法

所谓算术应用题图式的评估法就是评估第一个算术应用题图式对于解答第二个算术应用题的作用。指导语通常是：“本任务的目的是获得问题解答潜在使用的评定。你将评定一对数学应用题，请你估价第一个问题的解答能够在多大程度上帮助你解决第二个问题。你应该评定问题解答的潜在使用从 1 ~ 20，数目越大表示对第二题的帮助越大。例如，如果第一题的解答能够提供所有解答第一题的信息，那么，你应该评定为 20；如果不能提供任何有用的信息，那么，你应该评定为 1。当然，你的评定应该落在 1 ~ 20。这里有两点需要注意：① 问题的顺序是重要的，你应该总是考虑第一个问题的解答对第二个问题的解答有多大作用；② 两个问题即使描述不同的情境，解答方式也可能相同。”问题前面标以数字，随机排列。第一个问题可以是不给出解答的问题，也可以是给出解答的样例。评估法采用的代数应用题图式有方程图式和概念图式。

六、口语报告法

德国心理学家 Duncker（1945）提出口语报告法，又称出声思考法。口语报告法使被试内部的认知过程经口语而外显化，研究者通过分析报告，就能探索人类认知加工的内部过程。口语报告分为同时性口语报告和追述性口语报告，考察的指标为错误概念和认知策略。值得注意的是，自动化的心理过程不易进行口语报告。

第七节　数学问题解决的干预

一、图式图策略

（一）加减应用题图式干预概述

加减应用题是指运用加法或减法运算解答的数学应用题，是小学低年级学生学习的重点，也是学习的难点。学生的应用题错误大多来源于问题结构表征的错误，而不是计算错误（Anand，1987；Decorte，1985），特别是数学学习不良的学生。这是因为他们在注意、信息组织、工作记忆方面存在缺陷（Gonzalez，1999）。因此，国外出现了许多结构表征干预研究，本节对结构表征干预研究进行概述和简评，指出未来进一步研究的方向，为干预提供有效的干预策略，为加减应用题的教学设计、课程设计提供心理学基础。

1．研究概述

加减应用题结构表征策略包括三种类型：基于图式教学（schema-based instruction）、基于概念模型的问题解决（conceptual model-based problems solving）和图式扩展教学（schema-broadening instruction）。三种策略都强调问题结构（图式）对问题理解和表征的作用。为了使学生形成问题图式，研究者们设计了各具特色的图式图（schematic diagrams），其目的在于帮助学习者组织信息和选择运算。图式图具有以下优势：首先，突出了结构特征，去掉了无关细节的干扰；其次，图形是可以用眼睛看的，使学生利用对于人类来说是非常容易的知觉推理；最后，图形可以再现情境或现实过程，而后者是认识的源泉

（周新林，2003）。视觉化表征的突出特点就是能直观体现初始状态的逻辑层次关系，将问题的初始状态、目标状态和中间状态连成一体，在关注状态的同时对问题空间进行操作（Kaufmann，1986）。

（1）基于图式的教学

基于图式的教学是美国特殊教育专家 Jitendra 教授提出的，目的在于对小学数学学习不良学生进行有效干预。

① 图式图

一个被广泛接受的加减应用题分类是根据问题的语义结构将问题分为三种类型：合并题、变化题和比较题。合并题图式图包括两个部分集和一个总体集，共 3 个“槽”。变化题图式图包括开始集、变化集和结束集 3 个“槽”，比较题图式图包括比较集、标准集和差集 3 个“槽”。每个“槽”中都可以填入已知数或未知数，未知数用“？”表示。

Jitendra 等（1996，1998，1999）设计了合并题、变化题和比较题的图式图（图 3-11）。Jitendra 等（2007）对三种图式图进行了改进（图 3-12），合并题图式图出现了数量关系，而且用部分集和总体集方框的大小来提示哪个是总体集；变化题图式图多了一个箭头，使得变化过程更明确；比较题图式图变化较大，图形更简洁，出现了运算，标准集和比较集标注为大数和小数，回避了比较集和标准集的比较。Jitendra 等（2009）对图式图再次进行改进，图式图中标注“大数（总体集）未知还是已知”，这里只呈现比较题来例示（图 3-13）。Jitendra 等（2010，2013）对比较题图式图进行了改进，大数和小数用不同大小的圆来表示，有利于减少学生输入数据错误（图 3-14）。

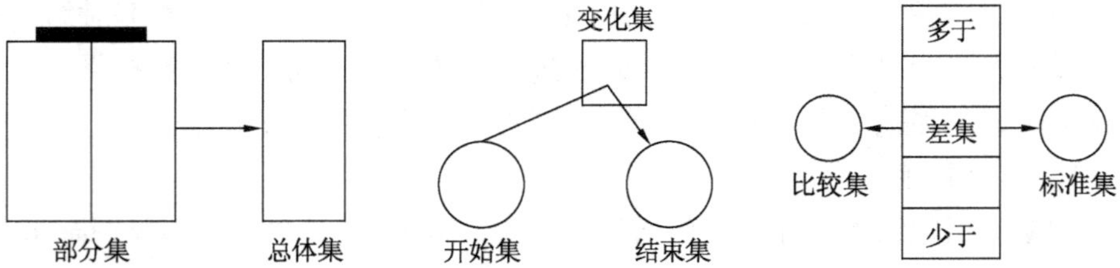

(a) 合并题图式图　　(b) 变化题图式图　　(c) 比较题图式图

图 3-11　加减应用题的三种图式图

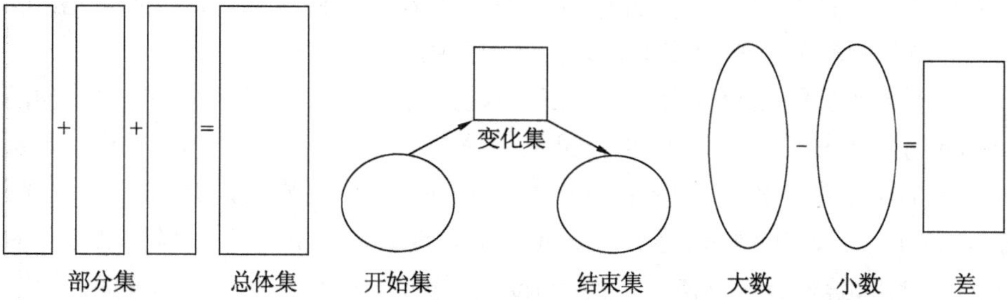

(a) 合并题图式图　　(b) 变化题图式图　　(c) 比较题图式图

图 3-12　改进后的三种图式图

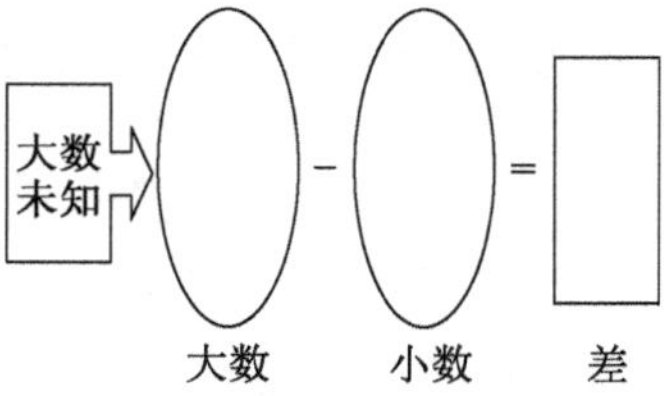

图 3-13　二次改进后的比较题图式图

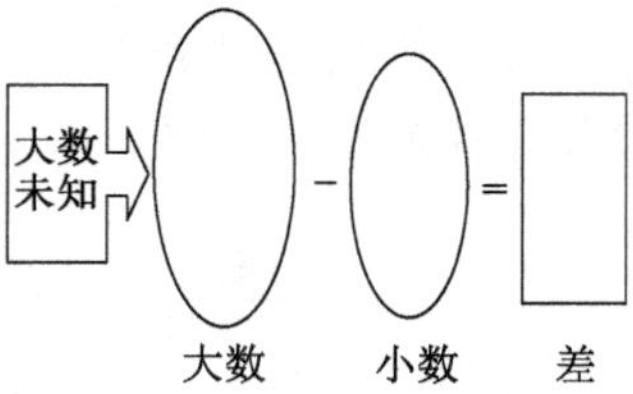

图 3-14　再次改进后的比较题图式图

② 运算

Jitendra 等（1996，1998，1999）选择运算的规则为："求总数（大数）用加法，已知总数求其他数（小数）用减法。"从判别规则可以发现，三种类型的加减应用题都是基于部总关系（即部分与总体之间的关系）来判别运算的，因此，识别"总数"是很重要的。合并题中总体集就是"总数"；对变化题来说，如果变化集变大，结束集充当"总数"，如果变化集变小，则开始集充当"总数"；对比较题来说，比较集和标准集大的就充当"总数"。Jitendra 等（2007，2007，2009，2010，2013）不需要依靠规则选择运算。先列出方程（未知数用"？"表示），例如，求"？ $-4=3$"，不要求学生会解方程，而是依靠数字家族进行运算，即在美国数学课本中把 $3+4=7$，$4+3=7$，$7-4=3$，$7-3=4$ 称为数字家族（这四个式子是等价的）。学生通过数字家族，可以把"？ $-4=3$"转化为"$3+4=7$"或"$4+3=7$"。

（2）基于概念模型的问题解决

在 Jitendra 的基于图式教学基础上，Xin（2008）提出了基于概念模型的问题解决策略，强调用方程表征数量关系。

① 图式图

Xin（2008）的图式图（图 3-15）由两个部分集和一个总体集的组成，两个部分集之间是加法关系，而它们的和与总体集是相等关系。在每个图式的 3 个“槽”中填入已知数或未知数，未知数用字母 x 表示。

在不同类型的加减应用题中，三个成分表示不同的名称。例如，在合并题（Susan 有 4 支铅笔，Tom 有 8 只铅笔，他们一共有多少支铅笔?）中，Susan 和 Tom 的铅笔数分别充当两个部分集，这两个部分集构成总体集；而在变化题（Susan 有 12 颗糖果，给了 Tom 4 颗，Susan 现在有多少颗糖果?）中，Susan 开始的糖果数是总体集，而 Susan 给 Tom 的糖果数和她现在的糖果数充当两个部分集；在比较题（Susan 有 12 颗糖果，Tom 有 4 颗糖果，问 Susan 比 Tom 多多少颗糖果?）中，Tom 的糖果数（小数）、Susan 比 Tom 多的糖果数充当两个部分集，Susan 的糖果数充当总体集（大数）。因此，在不同类型问题中，部分集（总体集）代表不同的集合。Xin 的模型创新之处在于使用一个图式图来表征三种类型的问题。

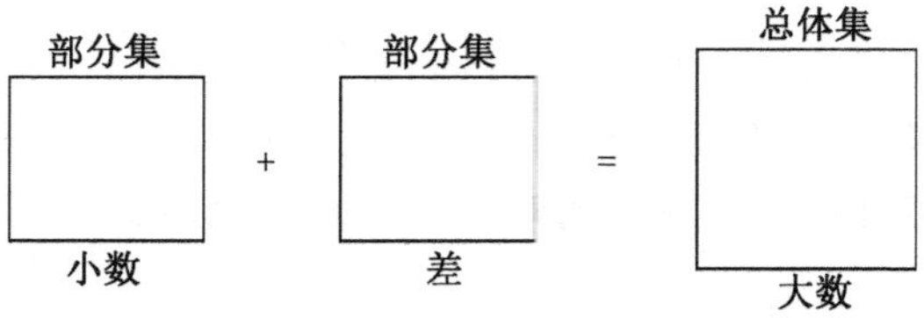

图 3-15　合并题、变化题和比较题共同的图式图

② 运算

基于概念模型的问题解决策略不需要依靠规则选择运算，先列出方程（未知数用 x 表示），然后利用数字家族来进行运算，实现问题解决。

（3）图式扩展教学

Fuchs（2008）在 Jitendra 基于图式教学的基础上，提出了图式扩展教学。它包括四个部分：一是教学生理解问题类型的数学结构；二是教学生识别问题类型的图式；三是教学生选择运算；四是教学生迁移图式到新问题。前三个与 Jitendra 的研究相似，此研究的创新在于：教学生迁移图式到新问题（第四个部分）。图式扩展通过问题的表面变异来实现，包括：增加无关信息；使用图形、表格、曲线图表示相关信息；使用两位数字（原来问题中是一位数字）。Fuchs（2008）通过表面变异加深学生对图式的认识。图式扩展教学的理论基础是 Wagner（2006）提出的渐进式迁移的观点。Wagner（2006）认为，迁移不是被理解为全或无的，而是渐进式地增长的，即概括不是一步完成的，而是不断逐步概括的结果。这也就意味着，不是通过对两个样例的概括，获得一个图式，然后，就可以迁移到其他情境不同的问题中去。事实上，新手和数学困难学生在识别不同情境的相似性结构方面存在困难，只能通过分别给他们提供不同情境的问题来解决，他们才能够逐渐建构知识的框架（图式）。

① 图式图

Fuchs（2008）设计了合并题、变化题和比较题的图式图，其数量关系在图式图中清晰呈现（图 3-16）。对合并题来说，部分集 + 部分集 = 总体集；对变化题来说，开始集 ± 变化集 = 结果集；对于比较题来说，小数 + 差 = 大数，未知数用字母 x 表示。

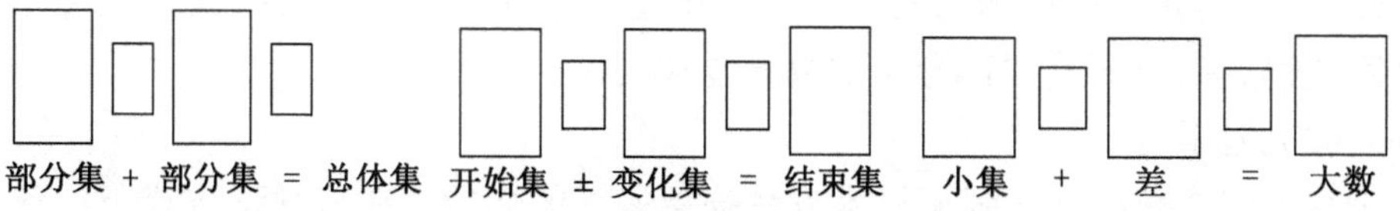

(a) 合并题图式图　(b) 变化题图式图　(c) 比较题图式图

图 3-16　加减应用题三种图式图

② 运算

基于概念模型的问题解决策略不需要依靠规则选择运算，先列出方程（未知数用 x 表示），然后利用数字家族来得到运算，完成计算。

③ 干预效果

Fuchs（2008）比较图式扩展教学与正常课堂教学对三年级数学和阅读困难的学生解决加减应用题的干预效果。结果发现，图式扩展教学组的成绩优于普通课堂教学组。

Fuchs（2010）比较了图式扩展教学策略和通用策略教学干预 270 名二年级学生解决加减应用题的效果。图式扩展教学解决应用题成绩更优，并且促进了学生的数学推理。

2. 简评

基于图式教学、基于概念模型的问题解决和图式扩展教学这 3 种策略具有共同特点，即都强调问题结构（图式）对问题理解和表征的作用，通过设计图式图，促进学生形成问题图式。但是这三种策略在图式图、运算选择和干预研究三方面存在差异。

（1）图式图

① 关系的清晰性

Jitendra（1996，1998，1999）的图式图上未标明变量之间的关系。他在 2007、2009、2010、2013 年的合并题和比较题图式标明了集合之间的数量关系，但变化题图式图还未标明集合之间的数量关系。Xin（2008）和 Fuchs

(2008) 的图式图标明了集合与集合之间的关系。

② 图式的层次性

在日常经验的基础上，儿童的头脑中先是生成了相应的认知加工图式，如变化图式、比较图式和合并图式；然后，在正规的数学教育影响下，儿童将这一系列图式整合成“部总关系推理图式”。变化图式、比较图式和合并图式可以看作儿童在解决简单加减应用题时形成的初级图式，而“部总关系推理图式”是在此基础上形成的高级认知图式（郭兆明，2006）。因此，Jitendra 和 Fuchs 建立的是初级认知图式，而 Xin 建立的是高级认知图式，只为三种加减应用题建立一个图式“部分 + 部分 = 总体”。

（2）运算

基于图式教学起初强调算术方法强调运算的选择，在该教学方式下，学生不得不记住所有类型的规则，运用规则来选择运算（算术方法）(Jitendra，1996，1998，1999)。后来，Jitendra 等（2007，2007，2009，2010，2013）依靠方程列出算式（代数方法）。基于概念模型的问题解决方法和图式扩展教学都依靠方程列出算式（代数方法），这说明依靠方程来列式（代数方法）是一种趋势。

（3）干预效果

从干预效果来看，基于图式的教学、基于概念模型的问题解决和图式扩展教学都产生了积极的效果，不仅提高了后测成绩，使策略能够保持一段时间，部分策略还能概括到新情境中去。从效果比较来看，Jitendra 进行了系统的研究：基于图式的教学优于通用策略教学，与多媒体辅助教学效果无差异，优于基于标准课程的教学。这里共综述 12 篇加减应用题表征干预研究，其中，基于图式的教学共 9 篇，被试是数学学习不良（困难）学生的为 8 篇。基于图式干预策略文献较多，其他两种策略文献较少；对于数学学习不良的被试研究得较多，针对其他类型的学生，相关研究文献较少。

3. 进一步研究的方向

（1）被试

基于图式教学研究的被试分别为学习不良学生、存在失败危险的学生、普通学生（成绩居于上、中、下）、情感和行为障碍的学生。对于普通学生和存在失败危险的学生（以成绩低为标志）的研究有待加强，还可以研究数学、阅读双差生与单科差生，以及智力低下的学生。基于概念模型的问题解决和图式扩展教学研究的被试类型较少，需要进一步加强研究。

(2) 实施者

基于图式教学的干预实施者分别为研究者、教师、社区的非专业人员(家长、大学生等)、计算机。关于尝试用同伴(优秀的学生)来实施干预的可行性还有待进一步研究。基于概念模型的问题解决和图式扩展教学都是由研究者实施干预，关于其他人能否实施干预则有待进一步研究。

(3) 图式图

基于图式教学、图式扩展教学策略下，针对每种问题类型都有一个图式图，共有3种图式图，基于概念模型的问题解决策略，只有一个统一的图式图，不需要判断问题类型，也减轻了记忆负担，但是图式层次性提高了，而图式层次性越高，学生接受就越困难。虽然 Xin(2008)进行过个体干预研究，但这还需要进一步研究，例如，做实验组和控制组的对照研究。利用图式图帮助选择运算，三种策略都有利用方程来列式的趋势，利用数字家族来计算，存在的问题是数字家族在美国小学数学课本中20以内的数较多，如果数字较大就不能运用此方法计算了。

(4) 维持

基于图式教学研究的维持时间分别为1~2周、2~3周、6周、12周，但基于概念模型的问题解决和图式扩展教学只是进行了干预有效性的及时测验，没有施测延时测验。因此，干预策略的维持时间长短有待进一步研究。

(5) 概括

基于图式教学研究的概括测验分别是：一步应用题→两步应用题→州数学测验。基于概念模型的问题解决和图式扩展教学未施测概括测验，因此，干预策略迁移的远近有待进一步研究。

(6) 效果比较

已有学者对基于图式教学与通用策略教学、基于标准的课程教学、计算机辅助教学进行了比较。我们还可以进一步开展效果比较研究：① 基于图式教学的图式图进行了多次修改，这些图式图教学的效果比较；② 基于图式教学、基于概念模型的问题解决、图式扩展教学的效果比较；③ 三种问题结构表征策略与自我调节策略的效果比较。

从以上6个维度，可以深化加减应用题结构表征策略的干预研究，为加减应用题的教学设计、课程设计提供心理学基础。

(二) 乘除应用题图式干预

1. 图式图设计

乘除法图式通常先使用框架图式，再转化成方程图式。从内容上看，乘除法应用题有等分问题和比较题。

Xin（2009）设计了等分问题的图式图（图 3-17）。框架图中的三个量中的未知数用字母表示，然后用规则“单位比率 × 单位数 = 积”来求未知数。

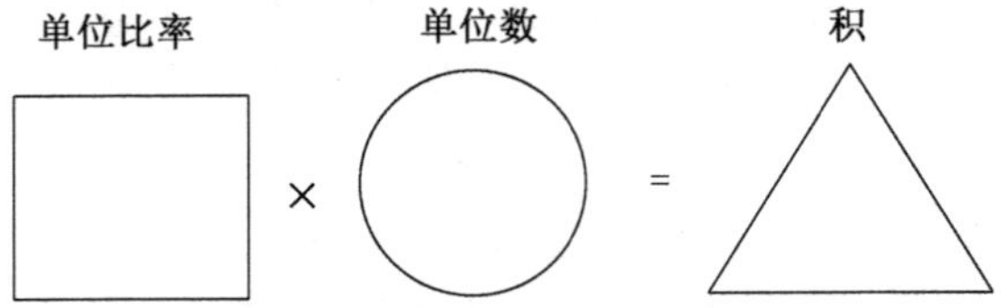

图 3-17　等分问题图式图

Xin（2005，2009）设计的比较图式图如图 3-18 所示，Jitendra（2009，2011，2012）设计的乘除法比较图式图如图 3-19 所示，Jitendra（2011）设计的百分数应用题图式图如图 3-20 所示。

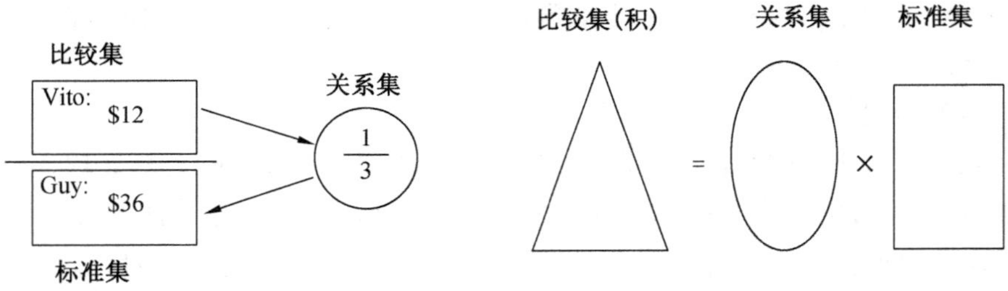

(b) 比较图式图(2005)　　(b) 比较图式图(2009)

图 3-18　Xin 设计的比较图式图

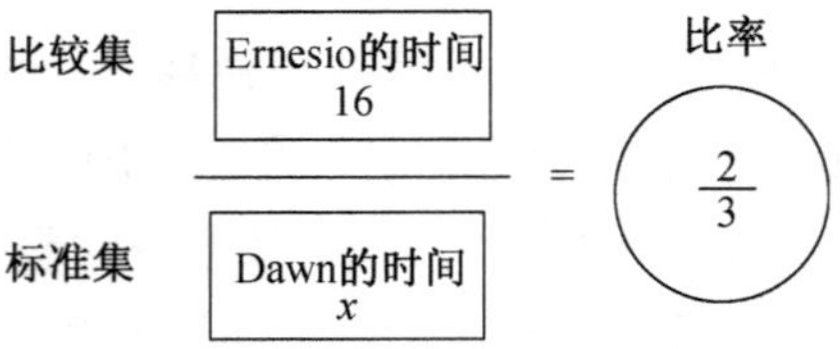

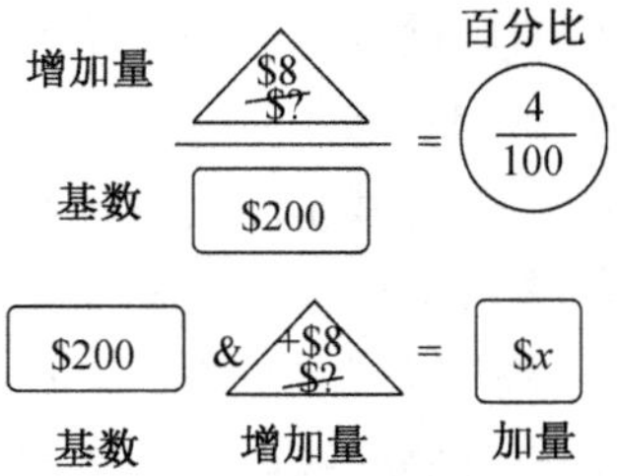

图 3-19　Jitendra 设计的乘除法图式图　　**图 3-20　Jitendra 设计的百分数图式图**

2. 干预效果

Jitendra（2002）研究基于图式的教学策略干预 4 名中学数学学习不良的学生解决乘除法应用题的效果。研究表明，干预后提高了学生解题的正确率，3 名学生分别能维持图式策略 10、5.5、2.5 周，4 名学生都能将策略概括到新问题中。Xin（2009）探索教基于图式教学对数学学习不良的学生解决乘除法应用题的效果。被试是3个四年级和五年级数学学习不良的学生。结果表明，干预促进了基于研究者设计的测验成绩和标准化常模参照测验的成绩。

Jitendra（2012）采用2（学业成绩：高 vs. 低）×2（教学策略：基于图式的策略 vs. 控制组）设计，研究学业成就与教学策略对解决百分数应用题的影响。研究发现，教学策略和学业成绩有交互作用，基于图式教学组对优等生问题解决成绩有更大的影响。

（三）比例应用题图式干预研究

数学学习不良是学龄儿童普遍的学习不良类型，美国一些大规模研究发现：约有6%的小学生和初中生被诊断为数学学习不良。数学学习不良领域的传统研究主要集中在儿童的基本算术技能上。与数学学习不良的儿童基本算术技能的研究相比，对数学学习不良的儿童更高水平的数学思维和问题解决的研究较少。研究发现，数学学习不良的儿童最大的困难是解决数学应用题。

Jitendra（2009）比较了基于图式干预组和控制组的效果。148名七年级学生和他们的老师参加了10天的干预，学习比和比例应用题，班级随机分配给基于图式干预组和控制组。结果表明，在基于图式干预组的学生在后测和4个月后的延时测验上优于控制组。然而，两个组的成绩在州标准化数学成就测验无显著性差异。Jitendra（2011）比较了图式教学组和控制组干预七年级学生解决算术问题的效果。图式教学组通过图式图强调问题的数学结构，集中于四步程序监控问题解决，并随机安排21个班级到图式教学组和控制组。结果显示，图式教学组在数学问题解决上优于控制组。但问题解决技能不能保持到1个月以后，也不能迁移到新内容中去。

Xin（2005）比较了基于图式教学和一般策略教学对22名数学学习不良的中学生的效果。图式教学组教他们识别问题结构并用图式去表征问题，而一般策略教学组却是教学生画图来表示问题中的信息，来促进问题解决。结果表明，基于图式教学在及时和延时后测、迁移测验上都优于一般策略教学组。因此介绍Xin（2005）对数学学习不良的学生解决比例应用题的两种干预策略无疑是非常必要的。这里首先介绍两种干预策略，然后对这两种策略进行比较，探讨对数学应用题干预的启示。

Xin（2005）设计的比例图式图和图3-21所示，Jitendra（2011）设计的比例应用题图式图如图3-22所示。将图3-22转置一下便与图3-21大致相同，且图3-21比图3-22更详细，这表现在对框架图的限制说明上（主语、宾语）。

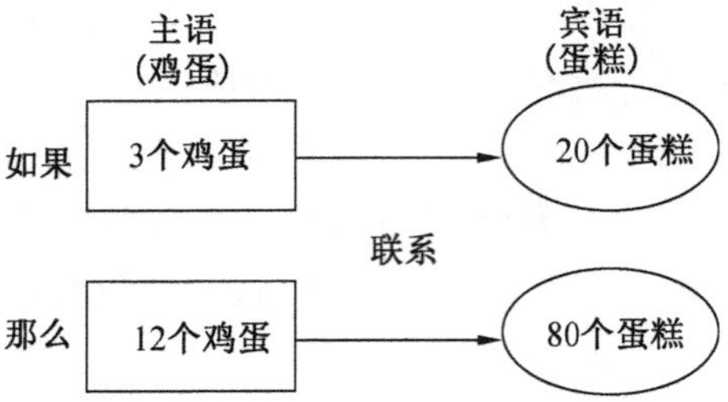

图 3-21 Xin 设计的比例图式

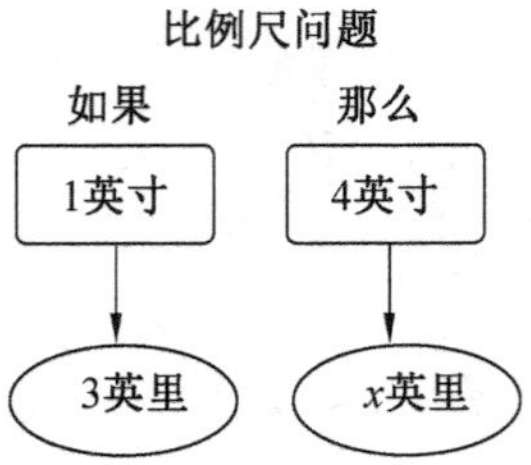

图 3-22 Jitendra 设计的比例图式

1. 两种干预策略

以比例应用题“一个菜谱使用 3 个鸡蛋做 20 个蛋糕，假如你想做 80 个蛋糕，则需要 12 个鸡蛋”为例，例示比例应用题图式。比例问题图式具有下列特征：① 比例问题描述两个物体之间的联系；② 两个物体涉及两对联系、四个量；③ 两对物体之间的数量联系（比率）是不变的（Xin，2005）。

（1）基于图式的教学

基于图式的教学包括 4 个步骤：前两个步骤称为问题图式教学阶段，后两个阶段为问题解决教学阶段（Xin，2005）。

① 问题图式教学阶段

步骤 1：识别两个事物（一个为主语，另一个为宾语）——鸡蛋和蛋糕，在图 3-21 中的主语和宾语下面分别注明。

步骤 2：识别两个数量关系（共 4 个量），在图式图中填入数字。表征和匹配强调用对应的量正确安排两个维度（主语和宾语）。即当第一对描述 3 个鸡蛋和 20 个蛋糕之间的联系时，第二对描述 12 个鸡蛋对 80 个蛋糕，而不是 80 个蛋糕对 12 个鸡蛋。通过等式检查正确与否：$3/20 = 12/80$，$20 \times 12 = 3 \times 80$，说明这两对数量关系正确匹配。

② 问题解决教学阶段

步骤 3：在问题解决教学阶段，呈现具有未知信息的问题。指导学生使用图式图表征问题。与问题图式教学阶段一致，仅有的差异是使用问号“?”代替未知量。转换图式图为等式，并且求出未知量，$3/20 = ?/80$，$? = (3 \times 80)/20 = 12$。

步骤 4：写出完整答案，检查计算的精确性。

（2）一般策略教学

一般策略教学包括问题解决 4 个步骤（Xin，2005）。

步骤 1：理解。问学生“你在问题中发现了什么?”“问题给出什么信息?”

此外，鼓励学生用自己的话复述问题，列出已知信息。

步骤2：计划。可以使用一些策略解题（画图、画表格、写出数学等式等）。“你准备使用什么解题策略?”因为学生通常使用画图策略，所以教师倾向于先画图表征信息，然后通过数图形来获得解答。

步骤3：解题。展示他们的图形，求出答案。

步骤4：检查。要求学生说明答案是合理的，并指出是否可以用另外的方法解决问题。

例如，问题“假如Ann使用5只柠檬制作2夸脱的柠檬水，若想制作8夸脱的柠檬水，需要多少只柠檬?”每只柠檬用一个＊表示，每夸脱的柠檬水用@表示，先画出5只柠檬＊＊＊＊＊，然后对应画出2夸脱的柠檬水@@，然后画出8夸脱的柠檬水，即8个@（每2个画在一起），而每两个@，对应5只＊,所以，可以画出所有的＊，最后数出＊的数目。

2. 两种干预策略的比较

（1）问题解决过程

基于图式的教学和一般教学策略都遵循阅读、表征、解题和检查4个步骤，但是两种教学在步骤2和步骤3上有很大差异，一般教学策略更笼统，基于图式教学策略更具体。

（2）策略干预效果

Xin（2005）研究了两个问题解决教学方法（基于图式教学和一般策略教学）对22名数学学习不良的中学生的教学效果。结果表明，基于图式策略组在及时和延时后测、迁移测验中的成绩都优于一般策略组。

3. 启示

（1）干预策略强调应用题的抽象图式表征

比例应用题图式定义为：学生在比例应用题学习过程中，对学习材料进行概括的基础上形成的、存储在长时记忆中的、具有一定框架结构的陈述性知识。图式表征能够揭示变量（或常量）之间的联系，是一种抽象的表征。而@和＊是一个半抽象、半具体的图形表征，这种表征在数字较小的情况下能够解决问题，但是解题速度较慢。更大的缺陷是：当问题中的数字很大时，几乎无法用半直观的形式来表示，问题将无法解决。因此，半直观的表征方式不值得推广。

（2）干预策略强调具体问题类型的图式表征

波利亚（1957）提出数学问题解决四阶段模型。① 理解问题；② 制订计划；③ 执行计划；④ 回顾解答。此模型适用于解决所有数学问题。在此基础上，梅耶提出数学应用题解决四阶段模型。① 问题转换阶段：提取语言学知识和事实知识，用以将应用题中的各句子转化成某种心理表征。② 问题整合阶段：提取问题类型的图式知识，形成能够反映文本命题之间关系信息的一个整合的心理表征。③ 解答计划阶段：选择一个解答计划。④ 解答执行阶段：执行运算以求得一个数字答案。此模型更适合数学应用题的问题解决。他认为，四个阶段中前两个阶段是问题表征阶段，最重要的是整合表征，但是未指出对某些类型应用题的表征方法。

解决不同类型应用题的策略应该在整合表征方面更具体，应该强调此类型的问题图式。例如，比例问题强调比例问题的图式，加减应用题强调加减应用题的图式，乘除应用题应该强调乘除应用题的图式。所以，在新手阶段，也就是学习的开始阶段，解题策略越具体，就越能够促进问题的解决。

邱学华（1981）为比和比例问题（例如，一辆汽车 2 小时行 64 公里，用同样的速度，从甲地到乙地共行 5 小时。甲、乙两地之间的公路长多少公里?）设计了两种教学方案。第一种方案采用列比例式解应用题，第二种方案用列方程解比例应用题。研究结果表明，第二种方案优于第一种方案，其原因在于：① 解题思路清楚，符合儿童思维规律；② 学生容易接受，教学时间短；③ 解题方法灵活，有利于发展学生的智力；④ 与中学数学解应用题的方法统一起来；⑤ 有利于小学数学教材的改革。然而，方案二中也存在一些问题：① 用方程解比例问题，用等量关系解题，并不需要用到正反比例的概念，比例式也不出现，这就失去了比例应用题的解题特色，某种程度上削弱了正反比例的概念。② 原有比例应用题中关于“根据齿数求转速”“根据影长求杆高”这类应用题，通过找等量关系列方程求解，学生理解起来有一定的困难。③ 中学数学中的“比例线段”，化学、物理中的比例计算，都需用到比例式解题的知识技能。因此，大部分比例应用题用列方程求解方便，另一些需要用比例求解。

二、画图策略

当学习者被要求画出可以说明基于文本的课程内容的图画时，画图学习就发生了。画图学习包括决定图画中包含哪些成分，如何在空间上安排它们，以便表现出它们在结构上的因果关系。画图学习的理论原理在于：建构对应于文本的图画的行为启动选择（学习者选择哪些成分要被包含其中）、组织（学习者在相应空间布局中安排成分）、整合（学习者将文字转化成图片）的生成过程。尽管画图是为了促进生成过程，但是画图技术也会产生无关加工，以至于削弱或消除画图带来的益处（Fiorella，2015）。

就像其他视觉表征一样，画图的优势就是：它被当作认知性工具，帮助学生先理解问题情境，再解决问题，画图还提供了视觉参考，学生可以使用它（以元认知的方式）监控对问题的解决过程并且进行自我纠正（van Garderen，2006）。

关注学习障碍学生使用画图解应用题的研究有几个困难：① 这些学生可能对什么是画图，以及将画图作为解应用题工具缺少正确的理解。许多学生并没有意识到画图不仅仅是图形，还是一个表征，用来展示应用题中数量和关系的信息。② 学生不能准确有效地画图，尤其是会错误登记应用题中的数据，或者忽略关键信息。③ 学生使用画图解应用题很有限，没有认识到图画是一个贯穿解题过程的工具，这个工具可以帮助他们理解、解决和监控问题解决过程。而且，如果他们画了一个与问题情境不相符的图（例如，他们使用表格而不是线段图表示有关行程的应用题），就会限制他们理解和解决问题的能力。④ 那些没有使用画图工具来支撑推理的学生，经常会在解题过程中“迷失”。在许多例子中，图形上的点（画图问题中的每个项目）会限制学生回到问题中去，认识到他们要求什么（有太多的项目）。⑤ 对于有学习障碍的学生来说，没有把画图理解为对问题解决是有价值的，在许多情况下，他们认为，只有儿童才会使用画图工具（van Garderen，2014）。

许多课本缺乏教师和学生需要的关键信息，即形成画图能力及有效地使用画图解应用题的能力（van Garderen，2012）。教师在教画图时，需要涉及 6 个关键问题（van Garderen，2014）。

（1）什么是示意图？数学问题示意图用于展示问题的各个部分，以及各个部分是怎样联系在一起的。

（2）为什么需要使用示意图？① 识别应用题求什么；② 追踪解应用题的步骤；③ 检查作业和答案是否有意义。

（3）什么时候应该使用示意图？① 理解问题，明白问题问什么；② 组织信息；③ 确定步骤及运算；④ 检查解答。

（4）应该使用哪种类型的图形，为什么？① 网状/线段图——顺序或次序；② 矩形/表格——集合之间的关系；③ 层次结构/树状图——分层或聚合；④ 部分/全部，圆形图或条形图——部分、总体之间的联系。

（5）如何生成一个图形？① 不是所有部分都能被画出来；② 不需要真实；③ 不应该花太多的时间；④ 使用代码和符号，需要使用字母、圆点、星形、圆形等。

（6）如何使用图形？① 追踪思维过程，避免遗漏重要的部分；② 修改画图，可划掉一部分并重画；③ 当一个画图不合适就尝试另一个；④ 检查所画的图是否符合这个题目（数量和关系）。

三、线段图策略

（一）线段图的画法

杨忠（1994）指出，画线段图应注意“四性”：规范性、合理性、科学性和一致性。① 规范性。线段图的规范性体现在：全面反映题目的数量关系，题目的条件和问题都要一一标出，数量要带单位，数量关系要简明；线段宜画横线，起止清晰，线段间的长短要成比例；需画两条或两条以上的线段（复线段）时，各线段表示的实际意义要标在起点一端，起点要对齐；需要添加的辅助线段要用虚线画出。② 合理性。标准量与比较量的选择是画线段图的关键，要具有合理性。标准量的选择要因题而异，先画出标准量表示的线段，其长度由题目的数量关系适当确定；再画比较量表示的线段，其长度随表示标准量的线段的长度按比例而确定。③ 科学性。确定画单线段图还是复线段图，对准确反映应用题的数量关系作用很大，因此，应科学地选择线段图类型。若题中的数量关系能够用一条线段清晰地反映出来，则用单线段图表示；若题中的数量关系要用几条线段图才能清楚地反映出来，则用复线段表示；若题中的数量关系不能通过线段图明晰地反映出来，则不宜牵强附会地使用线段图。④ 一致性。一幅成功的线段分析图，要能与它对应的应用题相互转化，而这种转化要具有一致性，即不仅能把应用题的数量关系用线段图清晰地表示出来，而且能根据线段图准确地描述出应用题的题意。由题到图或由图到题应具有一致性。

王维宝（1997）提出线段图的构成与画图规则。一个完整的线段图是由数量线、辅助线与标注符号构成的。

（1）数量线，即用来表示问题中基本量的线。它们是整个图的“骨架”，要画得实而重。

（2）辅助线，指图中无数量意义的线，如对应点之间的比较线等。辅助线要画得虚而轻。

（3）标注符号，包括：① 横大括号，画在数量线上下侧，用以标注该线段所表示的具体数量或分率；② 竖大括号，在多线式线段图中表示这几条数量线的数量和；③ 小括号，表示线段图所示问题中缺少的条件，做题时，往往要求学生先补上这个条件再求解；④ 箭头，多用于行程问题，表示物体运动的速度和方向，也可在分析问题时，表示数量线的“挪动”情况；⑤ 文字，如汉字、英文字母等，用于简单注明线段所示物体的名称，给事物编号等；⑥ 阿拉伯数字，未知数符号 x 或?，用以标注数量线所代表的数量是多少。

（二）画线段图的教学

施银燕（1994）提出，画线段图前增加两个铺垫较好，即实物图→替代图（圆圈）→线段图。唐良玉（1994）建议对低年级学生进行看图列式的训练，指导学生认清算式中的各数与线段表示的数量的对应关系：凡是一个数的部分与整体之间的关系，只用一条线段表示；凡是大数、小数与差，以及两数的倍数关系，用两条线段表示。

（三）画具体问题的线段图

张利容（1995）认为，可以使用线段图来解决语言与运算不一致问题。例如，应用题“果园里有苹果树 312 棵，比梨树少 25 棵，梨树有多少棵?”先画一条线段表示苹果树的棵数，再画表示梨树的棵数的线段时，引导学生分析苹果树和梨树谁多谁少，从而判断表示梨树棵数的线段应比表示苹果树棵数的线段长一些还是短一些。这样就避免了学生在“比多比少应用题”学习中见“多”就用“+”、见“少”就用“-”的错误。

陈祖华（1998）认为，从数量关系的角度，可以把小学数学的 11 种简单应用题划分为四大类：部分与整体的关系、相差关系、份总关系、倍数关系。这就是说，用相应的四种线段图就能把这 11 种简单应用题的数量关系表示出来。

张梅玲和张天孝（1992）认为，部分与整体关系是数学关系中的一种基本关系。几个同类数量可以合成一个整体。如把一个数量作为一个整体，则它可以被分成若干部分。当几个不相等的同类数量合成一个整体时，我们把它称作相关关系；当几个相等的同类数量合成一个整体时，我们可以称之为份总关系。同类量之间还存在比较关系，通过比较可以知道某个数量较多，某个数量较少，或两个数量一样多，这种比较我们把它称为相差关系。如果另一种比较是要知道两个同类数量中一种量是另一种量的若干倍，我们称之为倍数关系。在客观世界中，还存在着数量关系相互依存的变化规律，即两种相关联的量，其中一种量的变化会引起另一种量也随之变化。若商一定，则这两个量是成正比例的量；若积一定，则这两个量为成反比例的量。我们可以把它们的关系称作比例关系。

四、认知策略及元认知策略

Montague（1986）研究了八步认知策略对6个学习不良中学生解决数学应用题成绩的影响。数据分析表明：认知策略干预是有效的，学生不仅提高了在两步数学问题上的成绩，而且策略能够保持和概括。八步数学应用题的问题解决策略如下：① 读题。② 复述（用自己的语言），即给出重要信息；重复问题；明确题目问什么和自己正在寻找什么。③ 画图。④ 陈述问题：我知道了什么？我想求什么？⑤ 假设：如果我……，那么……，需要多少个步骤，写运算步骤。⑥ 估计：写下估计数目，值大概在什么范围。⑦ 计算。⑧ 自我检查：检查每一步；检查计算；理解答案的意思。

Montague（1992）研究了认知和元认知策略教学对6名数学学习不良学生的效果。认知策略在Montague的八步基础上，删除了第四步陈述问题。每个步骤都从说、问、检查三个层次来体现元认知策略。

（1）读题。说：阅读这个问题，如果我不理解，再阅读一次。问：我已经阅读了这个问题了吗？我已经理解了这个问题了吗？检查：当我解决这个问题时，理解问题。

（2）复述（用自己的语言）。说：在重要信息下面画线，用自己的语言复述问题。问：我已经在重要信息下画线了吗？问题是什么？求什么？检查：带有问题的信息。

（3）画图。说：画一幅图，显示问题成分之间的关系。问：这个图形适合这个问题吗？我已经表示出关系了吗？检查：与问题信息不一致的图形。

（4）假设。说：需要多少步骤和需要什么运算，写出运算符号。问：如果我做……，我将要得到什么？如果我做……，那么下一步我需要干什么？需要多少步骤？检查：理解计划的意义。

（5）估计。说：在头脑中做题目，写出估计。问：大概是多少？我写出估计值了吗？检查：使用的重要信息。

（6）计算（做算术）。说：以正确的顺序进行运算。问：答案与估计值比较结果如何？我的答案的意义是什么？检查：所有运算以正确的次序进行。

（7）自我检查。说：检查计划确保正确，检查计算。问：我检查了每一步了吗？我已经检查计算结果了吗？我的答案正确吗？检查：每一步是否正确，若不正确，回头重新计算。如果需要，可请求帮助。

Maccini（2000）提出“STAR”策略帮助学习不良学生解决应用题。S（search）:搜索应用题（阅读问题、自我提问，例如，我自己知道什么？我需要求什么？写下这些事实）；T（translate）：将词语翻译成方程（选择变量、识别运算、使用 CRA 表征）；A（answer）：使用提示线索回答问题；R（review）：复习问题（重新阅读问题，问问题，例如，搞清楚答案的意思了吗？为什么？检查答案）。

张庆林等（1997）根据学科应用题解决过程，设计了“自我提问单”，对学生进行数学元认知训练。分析题意阶段：① 我准确理解题意了吗？特别要注意题目中的定性和隐含的条件。② 我把握了整体结构了吗？理解题目中的各种数量关系，必要时画个图。③ 这个题属于哪种类型？不要急于列方程，先看这个题涉及哪些概念、定理、定律。解答问题阶段：① 我充分利用已知条件了吗？优先考虑没有充分利用的已知条件。② 我进行双向推理了吗？设法将已知条件和未知条件联系起来。③ 我出现思维定式了吗？运用发散思维，寻找新的视角。反思阶段：我能够举一反三吗？力图发现这一题的独特思路并考虑还能用于什么场合。

五、问题变式策略

数学问题解决的基本思路是把未解决的问题化归为已解决的问题，把复杂问题化归为简单的问题。由于在未解决问题（复杂问题）和已解决问题（简单问题）之间没有清晰的联系，因此有必要建立这些联系，从数学教育的角度来看是化归，从心理学角度可以用关系复杂性来解释和定义。

（一）题组教学设计

邱学华（2016）设计了应用题的题组教学，包括按结构编制题组、按发展编制题组、按互逆关系编制题组、按转化编制题组。

1. 按结构编制题组

① 有桃树 100 棵，李树 20 棵（桃树比李树多 80 棵，李树比桃树少 80 棵，桃树的棵数是李树的 5 倍），求桃树和李树共多少棵？② 桃树 100 棵，桃树比李树多 80 棵，求桃树和李树共多少棵？③ 桃树 100 棵，李树比桃树少 80 棵，求桃树和李树共多少棵？④ 桃树 100 棵，桃树的棵数是李树的 5 倍，求桃树和李树共多少棵？

2. 按发展编制题组

① 水果店有橘子 300 千克，苹果 200 千克，一共有水果多少千克？② 水果店有橘子 300 千克，苹果比橘子少 100 千克，一共有水果多少千克？③ 水果店有 5 筐橘子，每筐 60 千克，有苹果 200 千克，一共有水果多少千克？④ 水果店有 5 筐橘子，每筐 60 千克，苹果比橘子少 100 千克，一共有水果多少千

克？⑤ 水果店有5筐橘子，每筐60千克，有苹果4筐，每筐50千克，一共有水果多少千克？⑥ 水果店有5筐橘子，每筐60千克，苹果比橘子少1筐，苹果每筐50千克，一共有水果多少千克？

3. 按互逆关系编制题组

① 已知 v、t，求 s；② 已知 s、v，求 t；③ 已知 s、t，求 v。

4. 按转化编制题组（同构问题）

① 一项任务，甲队做8天可以完成，乙队做6天可以完成，甲、乙两队合做，几天能完成？② 从甲城到乙城，货车需8小时，客车需6小时，两车同时从甲、乙两城相向而行，几小时后相遇？③ 有一水槽，单开甲管8小时能注满，单开乙管6小时能注满。甲、乙两管同时开，需要几小时注满水池？

邱学华（2016）认为，解应用题困难的原因在于：有具体内容、有名词术语、有数量关系、有结构特征。题组教学法是按系统论的观点，不是孤立地依例题讲，而是从整体出发，把知识点放在一个知识系统中，引导学生自己学。教师的指导作用主要在于引导学生进行题目之间的对比，发现题目之间的联系与区别。应用题题组教学具有下列优越性：① 能充分培养学生的自学能力和独立思考能力。② 能充分利用知识的正迁移作用，利用旧知识主动去掌握新知识。③ 能从应用题的结构出发，使学生清楚地看出组成题目的来龙去脉，便于学生从结构变化的角度掌握应用题的解法。④ 学生从结构的整体上掌握一种应用题的解法，形成一个网络，这样学生掌握的知识，既便于理解，又不易遗忘。题组教学要取得成功的关键是，教师必须认真钻研教材，理解教材前后的联系，找准新旧知识的连接点，然后编出一组准备题。

题组教学设计是中国数学教育工作者的研究成果。这些研究设计还建立在经验的基础上，缺少实验研究的支持。

（二）变式教学

“变式”这一概念的出现，可以追溯到20世纪上半叶苏联学者对几何教学心理的研究。研究发现，在那些只利用“标准图形”（standard figure）的学校里，许多学生不认识他们已经学过的、位置不标准的图形，比如，三角形直角位置在上面的直角三角形。因此，他们提出图形的变式原则，即采用“变式图形”（variant figure）进行教学，多数情况下可获得良好的效果。

“变式图形”的争论，引起我国心理学研究者的关注。卢仲衡等（1961）的调查研究表明，学生在学习基本几何概念时，采取“标准图形”教学所产生的消极影响十分严重，明显看到绝大部分学生在学完基本概念后都是按照“标准图形”的空间位置作图，并且把任意图形化成特殊化的图形。顾泠沅

（1982）在上海市青浦县主持数学教学改革试验，进行了一系列有关变式训练的教学试验。结果表明，采用变式图形做训练后，对加深概念的理解有益处，对于解决涉及复杂图形的题目也有非常显著的效果。

变式教学是中国盛行的一种数学教学方法。张奠宙教授（2005）认为：变式教学是中国数学教学的特征之一。顾泠沅教授、郑毓信教授、鲍建生教授、Marton 教授等为建立变式理论做出了巨大的努力，此理论也得到了国外心理学理论的支持。但笔者认为，变式理论得到国外心理学理论的支持只是理论成立的必要条件，而非充分条件。笔者倡议使用实验法来建构变式理论，即通过实验研究收集数据，验证理论假设的正确性。

数学变式教学理论要回答三个主要问题：① 数学变式教学有效吗？② 数学变式教学何时有效？③ 数学变式教学为什么有效？

1. 数学变式教学有效吗？

如何判断数学变式教学是否有效？对照试验是确定数学变式教学是否能够引起知识变化的有效方式。对照试验具有两个主要特征：实验控制和随机指派。实验控制是指除了自变量不同外，实验组和控制组需要接受其他因素都是相同的处理方式。随机指派是指将学习者随机分成实验组和控制组。因此，应该精心定义变式教学（自变量）。

（1）数学变式教学的操作性定义

数学是研究数量关系和位置关系的科学，关系复杂性包括等级复杂性和水平复杂性，其中，等级复杂性又包括多级关系。一级关系（R_1）：R_1（A，B），是“两个或多个要素的关系”，例如，$A+B$；二级关系（R_2）：R_2［（A，B），C］或 R_2［R_1（A，B），R_1（C，D）］，例如，（$A+B$）$\times C$；更高级的关系可依次类推。水平复杂性就是指在任何层级的关系的括号里的要素（或关系）都可以有不同的个数，例如，以及关系 R_1（A，B，C），即 $A+B+C$（辛自强，2003）。笔者认为，水平复杂性还包括元素（成分）的复杂性，例如，同样是 $A+B$，A（B）可以是整数，也可以是分数、小数，甚至是整式和分式。对于两个整数的加法来说，可以是不进位加法，也可以是进位加法；对于分数来说，可以是同分母，也可以是异分母。可以使用关系复杂性理论来定义不同数学问题的复杂性。

（2）数学变式教学材料的举例

邱学华设计了应用题的题组教学，从一道基本题，逐步扩展条件，发展成两步题及多步题，这是练习的纵向系统。由于题材是相同的，数据也是相同的，因此学生可以把精力放在分析数量关系及结构变化上。① 水果店有橘子

300 千克，苹果 200 千克，一共有水果多少千克？② 水果店有橘子 300 千克，苹果比橘子少 100 千克，一共有水果多少千克？③ 水果店有 5 筐橘子，每筐 60 千克，有苹果 200 千克，一共有水果多少千克？④ 水果店有 5 筐橘子，每筐 60 千克，苹果比橘子少 100 千克，一共有水果多少千克？⑤ 水果店有 5 筐橘子，每筐 60 千克，有苹果 4 筐，每筐 50 千克，一共有水果多少千克？⑥ 水果店有 5 筐橘子，每筐 60 千克，苹果比橘子少 1 筐，苹果每筐 50 千克，一共有水果多少千克？

张奇（2008）对算术应用题样例变异的设计可以作为范例。他提出了表面特征变异与结构特征变异。问题的表面特征是指问题所涉及的具体事件、问题情节及问题表述方式的一些特征；问题的结构特征是指问题所隐含的规则（公式）、算法、步骤（程序）等。以原样例“根据车辆行驶的速度和时间，求路程”的算术应用题及其解题步骤为例，表面特征变异的样例如下：① 数字或名称变异的样例：与原样例涉及事物和数值不同，其他都相同；② 情节变异的样例：与原样例只是故事情节不同，其他都相同；③ 表述变异的样例：与原样例只是问题的表述顺序不同，其他都相同。结构特征变异的样例如下：① 规则变异样例：根据车辆行驶的路程和时间求速度；② 规则平行组合样例：车辆按某一速度行驶一段时间后又按另一速度行驶一段时间，求车辆行驶的总路程；③ 规则镶嵌组合样例：根据车辆按一定速度逆风或顺风行驶（风速为已知条件）一段时间，求路程。

2. 数学变式教学何时有效？

数学变式教学适合于哪些人、哪种材料，适合于哪种学习情境？实验法就是在控制无关变量的情况下，操纵自变量，观察应变量，以探求自变量和应变量之间关系的研究方法。在样例变异研究中，每个研究都有两个或三个自变量，其中一个自变量是样例变异性，另一些自变量分别代表着学习类型、数学能力、自我解释模式和迁移程度；因变量主要是迁移成绩。在这些研究中，几个自变量是被平等看待的。在建构变式理论时，主要研究变式对迁移的影响，应把变式作为自变量，把另一些自变量当作调节变量，主要研究这些调节变量对于自变量与因变量关系的调节作用。如果 Y 与 X 的关系受到第三个变量 M 的影响，那么，变量 M 就是调节变量。

（1）数学变式教学适合于哪些人？

从样例变异性研究发现，高变异样例不一定会导致好的迁移成绩，样例变异性与迁移成绩的关系受到数学能力的影响。对于高数学能力被试来说，高变异样例的迁移成绩高于低变异的迁移成绩；但对低数学能力的被试来说，高变异样例与低变异的迁移成绩无显著差异，此时，数学能力就是一个调节变量。除此以外，数学变式教学还适合于哪些人？这需要进一步研究。

（2）数学变式教学适合于哪些数学材料？

卢仲衡（1961）和顾泠沅（1982）都研究变式图形，而对于其他类型的变式没有进行实验研究。

（3）数学变式教学适合于哪些教学目标？

多角度选择应变量。迁移成绩是建构变异理论的主要指标之一。研究者应该首先对近迁移和远迁移做严格的界定。例如，张奇（2008）界定近迁移是指与原样例表面特征不同而结构特征相同的算术应用题；远迁移是指与原样例表面特征相似而结构特征不同的算术应用题，以及与原样例表面特征和结构特征都不同的算术应用题。

除了近迁移和远迁移外，还可以对近（远）迁移进一步分类，提供更多的指标。赵弘（2007）以利用规则 $s=vt$ 为例（与张奇研究设计相似），设计了 15 道算术应用题的迁移测验，分为 5 种类型。与原样例应用题比较，第 1、2、3 题分别是在“数值－名称”“故事情节”和“表述顺序”上与原样例表面特征不同而结构特征相同的应用题，称为“表面特征变异测题”；第 4、5、6 题分别是“规则变异”“规则平行组合”和“规则镶嵌组合”3 种与原样例结构特征不同的算术应用题，称为“结构特征变异测题”；第 7、8、9 题是 3 种表面特征变异与“规则变异”组成的综合变异应用题，称为“表面特征变异与规则变异综合变异的测题”；第 10、11、12 题是 3 种表面特征变异与“规则平行组合”组成的综合变异应用题，称为“表面特征与规则平行组合变异的测题”；第 13、14、15 题是 3 种表面变异与“规则镶嵌组合”组成的综合变异应用题，称为“表面特征变异与规则镶嵌组合综合变异的测题”。这个测验具有“表面特征变异测题”“结构特征变异测题”“表面特征变异与规则变异综合变异的测题”“表面特征与规则平行组合变异的测题”“表面特征变异与规则镶嵌组合综合变异的测题”这 5 种测验指标。

除了迁移成绩这个指标外，解题时间、认知负荷、认知策略、创新性（一题多解）、学习兴趣、数学观也是迁移测验的重要指标。从多角度选择应变量指标后，变式理论将可以回答：变式教学除了对迁移成绩有影响外，还有哪些效果？

（4）数学变式教学适合哪些情境？

从样例变异性的研究综述可以发现，样例的高变异不一定会导致高的迁移成绩。对能力高的被试来说，高变异才有高的迁移成绩；在样例学习条件下，高变异样例才有高的迁移成绩；在诱发自我解释条件下，高变异样例才有高的迁移成绩；对远迁移来说，高变异样例才有高的迁移成绩。因此，现已发现四个调节变量：数学能力、学习类型、自我解释模型和迁移程度。

Catrambone（1990）研究表明，提供变异性样例并不足以引起自发迁移，只有在明显指导被试比较样例的相似性时，多个样例才能提高迁移。笔者认为，如果引导被试对两个样例的共性进行比较，则可能产生更大的迁移。“比较与否”可能是一个调节变量，但需要收集实验证据。还有哪些变量能调节变式与迁移成绩之间的关系？调节变量是在研究自变量与应变量关系的过程中产生的，所以，只有不断地进行实验研究，才可能发现更多的调节变量。对调节变量的探寻越充分，变式理论的建构就越完善。

3. 数学变式教学为什么有效？

确认了数学变式教学是否有效及何时有效后，下一步就要确认它为什么有效？这就是探讨数学变式教学有效的内部机制。通过观察分析、问卷调查或访谈可对此进行研究。

变式理论的建构是一件非常有意义的工作，有助于总结我国中小学数学教学经验。同时，它也是一件非常复杂的工作。变式水平如何设计？选择哪些应变量？有哪些调节变量？这些都需要进行大量的试验研究，也有赖于数学教育研究人员和教育心理学研究人员的共同努力。

第四章　数学学习动机

第一节　数学学习动机概述

一、动机

动机是引起和维持个体活动，并使活动朝向某一目标的内在动力。产生动机的两个要素是需要和诱因，其中，需要是指机体内部一种缺乏、不平衡的状态，而诱因是指诱发个体动机的刺激。

二、成就动机

奥苏伯尔认为，学校情境中的成就动机包括认知内驱力、自我提高内驱力和附属内驱力（张春兴，1998）。

1. 认知内驱力

认知内驱力是一种要求获得知识、技能以及善于发现问题、解决问题的需要，是一种直接指向学习任务本身的动机。它一般以好奇心、求知欲、探索、操作、领会等心理因素表现出来。

2. 自我提高内驱力

自我提高内驱力是一种个体因自己胜任某项工作而赢得相应地位的需要。与认知内驱力不一样，自我提高内驱力并非直接指向学习任务本身，而是把成就的取得当作赢得地位的途径，把失败当作丧失自尊的威胁。

3. 附属内驱力

附属内驱力是一种个体为了获得或保持长者们（家长、老师等）的赞许或认可而表现出来的提高学习成绩的需要。

构成学习动机三个方面的内驱力在个体身上所占的比重，随着年龄的变化而变化。在童年期，附属内驱力占较大比重；到了少年期，附属内驱力强度减弱，而且开始从父母那里转向同伴；最终，自我提高内驱力逐渐上升到高于附属内驱力的地位。

三、动机理论

梅耶认为，影响学习的动机理论有以下五种（盛群力等，2016）：

（1）基于兴趣的动机。当学生认为学习材料对自己有价值或自己十分感兴趣时，便会更加刻苦努力地学习。例如，我很喜欢。

（2）基于信念的动机。当学生坚信自己努力学习会获得回报时，便会更加努力地学习。例如，我很擅长。

（3）基于归因的动机。当学生把学业成败归因于学习努力程度，而不是能力或其他因素时，便会更加努力地学习。例如，我的成败取决于努力程度。

（4）基于目标的动机。当学生的学业目标是良好的表现（表现取向目标）或是掌握学习材料（掌握取向目标），而不是避免较差的表现（表现回避目标）时，便会更加努力学习。例如，我很想学。

（5）基于社交伙伴的动机。当学生把教师视为共同学习的社交伙伴时，便会更加努力地学习。例如，大家一起学。

第二节　激发数学学习动机的跨学科策略

一、抛锚教学策略

1. 贾斯帕系列历险概要

贾斯帕系列共包括以录像为载体的 12 个历险故事，这些故事主要以发现和解决一些数学的问题为核心，改变了传统数学应用题。历险故事主要是为五年级以上学生设计的，每张光盘包括大约 17 分钟的录像，录像总是以提出各式各样的挑战性问题而结束。抛锚教学是由 John Bransford 领导的 Vanderbilt 认知与技术小组提出的一种教学模式。

贾斯帕的 12 个系列历险故事分别属于四类：① 复杂的旅行计划制订；② 统计学与商业策划；③ 几何；④ 代数。每一类包括三段历险故事。历险故事的难度是有区别的，根据表 4-1 从左到右的顺序，难度依次递增。所有故事都以发现和解决数学中的问题为核心。值得特别关注的是，每一个历险故事都为问题解决、数学推理、数学交流，以及与其他领域（如科学、社会学、文学与历史等方面）的整合提供了丰富的机会。

表 4-1 贾斯帕问题解决系列

类别	12 段历险故事		
复杂的旅行计划制订	雪松河之旅	邦尼牧场的救援	争取选票
统计学与商业策划	巨大轰动	跨越鸿沟	一个好主意
几何	成功蓝图	直角	大圆圈比赛
代数	聪明地工作	科米的赛车	将军的失踪

2. “邦尼牧场的救援” 故事梗概

美国温特贝尔特大学认知与技术小组列举了“邦尼牧场的救援”故事梗概，为我们深入理解抛锚教学提供了范例（王文静，2002）。

拉里（Larry Peterson）是贾斯帕的一个朋友，他驾驶着一架直升机飞到坎伯兰（Cumberland）城市上空。不久，拉里开始教埃米莉（Emily Johnson）驾驶直升机。他告诉埃米莉一些关于飞机的信息：飞机总重量 250 磅，有效负荷 220 磅。拉里解释说，有效负荷就是载重量，包括驾驶人、燃料和货物的重量。于是，拉里给埃米莉展示了一个装货物的箱子。空箱子重 10 磅，货物箱中有一个能装 1 加仑汽油的油箱。

埃米莉走进这架超轻型飞机，以便拉里教她时能看清楚。拉里解释说，推进器起推动作用，就像船上用的桨；机翼起升降作用。他又解释了这种独特的机翼形状如何帮助飞机起飞。

几天后，拉里教埃米莉关于超轻型飞机发动机的知识。他告诉埃米莉，他的超轻型飞机引擎最初是用作雪上汽车的发动机，因此，它用的是常规汽油而不是航空汽油，5 加仑油箱的净重是 30 磅。埃米莉指出，两边的油箱中都剩下 3/2 加仑的汽油。她问拉里，2 加仑汽油能飞多远。拉里告诉她，油箱中早已加满了油，并且已经在海德里维里（Headville）之间飞了个来回，两地距离大约是 30 英里，问埃米莉这趟飞行花了多长时间。拉里说，他根据实际经验得出的结论是在无风的天气里每 2 分钟 1 英里，他只需要 100 码的场地就能起飞。

几周后，埃米莉开始第一次试飞。试飞成功后，埃米莉、贾斯帕和拉里出去吃晚饭，以示庆祝。在餐馆里，贾斯帕谈到他准备远足去钓鱼的旅行计划，他说他打算先从坎伯兰市开车到希尔达（Hilda）的加油站，路程有 60 英里；然后徒步到他喜爱的钓鱼地点去，步行大约 18 英里。拉里提到他上周曾驾驶轻型飞机去看望过希尔达，把飞机停在靠近加油站的一个场地上。

饭后甜食，埃米莉点了一盘草莓冰激凌，拉里点了柠檬果冻。他们的账单是 17.5 美元，埃米莉提议要付 20% 的小费。他们同意分摊，每个人把钱放在桌子上。贾斯帕放了 11 元，埃米莉放了 12 元，拉里放了 13 元，拉里计算全部的晚餐费用，并把零钱找给每个人。

离开餐馆之前，埃米莉和拉里称了一下体重，秤上显示埃米莉体重是 120 磅,拉里是 180 磅。

在钓鱼时，贾斯帕听到一声枪响。他发现一只鹰中了弹。在对鹰进行紧急抢救后，他用双向无线电设备向希尔达发出紧急呼救。

一位开着敞篷汽车的顾客来到希尔达的加油站，这条公路的汽车限速是每小时 60 英里；贾斯帕用无线电求助时，希尔达正在给顾客加油。希尔达加完油之后，油表显示给顾客加了 13.9 加仑的汽油，每加仑的价格是 1.259 美元。她的顾客记录了自己的行车旅程，告诉希尔达上一个油箱行驶了 312 英里，他的加油账单是 17.5 美元，他拿出 20 美元。

当希尔达给贾斯帕回电话时，贾斯帕告诉她这只受伤的鹰的情况，并且说他要把它带到拉米兹（Ramirez）医生那里去抢救。拉米兹医生是坎伯兰市的兽医，贾斯帕告诉希尔达，自己在邦尼牧场，到加油站大约要 5 小时，他请希尔达给埃米莉打个电话，讲一下这里的情况。

埃米莉驱车来到拉米兹医生的办公室，办公室的墙上有一张这个地区的地图，拉米兹医生在地图上标出他在坎伯兰市的办公室的方位、邦尼牧场的方位和希尔达的加油站的方位。拉米兹指出，希尔达的加油站正好不在高速公路上，而且没有通向邦尼牧场的道路。埃米莉问一只鹰体重多少，拉米兹说大约 15 磅。

医生从地图上判断，乘飞机从邦尼牧场到坎伯兰市的距离是 65 英里。他告诉埃米莉大多数飞机需要 2000 英尺的跑道，而邦尼牧场只有一半的长度。在离开之前，医生告诉埃米莉，越早治疗，成功的机会越大。

埃米莉计划援救鹰。她从地图上得知，乘飞机从邦尼牧场到加油站接近 15 英里。然后，她给拉里打电话，拉里正好顺路。她知道也可以开飞机，飞机已加满油，当时没有风。埃米莉考虑已有的信息。她估计如果用直升机，在每个着陆点需要增加 5 分钟。

挑战：埃米莉想知道两件事情，一是把鹰救到坎伯兰市最快的交通方式是什么？二是需要多长时间？

3. 抛锚教学的特点

美国温特贝尔特大学认知与技术小组认为，抛锚教学具有下列特点（王文静，2002）：

（1）帮助学生们在真实的情境中通过解决问题学习数学。

（2）创设了一个大背景，不但帮助学生们整合数学概念，而且使数学知识与其他学科的知识得到整合。

（3）充分运用了录像这一媒体，以及技术间交互作用的优势。

（4）提高了学生的探究能力。

（5）学生们必须既提出问题，又解决问题。

（6）在一段相对连续的时间内为学生提供了合作的机会。

（7）提供给学生们深层次理解数学概念的机会。

（8）建构了积极的角色模型。

二、数学建模策略

数学建模课程在大学开设的历史并不长。20 世纪 70 年代末 80 年代初，英国剑桥大学专门为研究生开设了数学建模课程，并创设了牛津大学与工业界研究合作的活动。与此同时，欧洲的一些国家和美国也开始把数学建模的内容正式列入研究生课程中。近 30 年来，数学建模教学在一些西方国家，如美国、英国、荷兰、丹麦、澳大利亚等国的数学教育界迅速普及（王尚志等，2011）。

小学数学建模可以采用三种模式：① 把数学建模思想融入日常教学的某些内容；② 运用数学建模思想，把课内外结合起来；③ 把数学建模与综合实践活动结合起来，将数学建模内容设计为要求学生几天内完成的“小课题”（王尚志等，2011）。

庄惠芬（2011）从数学建模的对象、目标、途径这三个方面研究了小学数学建模的特点：① 对象的儿童性，具体体现在基于儿童的生活经验、基于儿童的认知水平、基于儿童的思维方式。② 目标的指向性，具体体现在培育建模意识、体验建模过程、形成建模思想。③ 途径的渗透性，具体体现在教材中选取，即从建模的角度解读教材，梳理出适合数学建模开展教育的内容；课题中延伸，即通过综合实践活动开展数学建模；实践中拓展，即通过教材中“你知道吗”开展数学建模。

三、STEM 策略

1. 内涵

STEM 教育即科学（science）、技术（technology）、工程（engineering）和数学（mathematics）教育的简写，提倡跨学科教育，使用多学科的思维和知识解决实际问题（秦瑾若等，2017）。孙维等（2018）认为，因为 STEM 专业入学要求门槛高和辍学率高，所以 STEM 专业的学生人数逐年下降，但是，与欧洲就业市场对 STEM 劳动力需求增长相比，STEM 劳动力的供给显然不能满足需求。在此背景下，西方提出 STEM 教育有其迫切性。

2. 实施方式

2016 年，我国教育部颁布了《教育信息化“十三五”规划》，文件明确指出，“积极探索信息技术在众创空间、跨学科学习（STEM 教育）、创客教育等新的教育模式中的应用，着力提升学生的信息素养、创新意识和创新能力。”

学术界对 STEM 教育的定义存在三种理解：① STEM 教育是一门后设课程，即在学习者学习 STEM 相关的独立课程之外，再学习一门如何综合运用 STEM 知识的独立课程。② STEM 是一门有机整合 STEM 知识的独立课程，由它代替传统的 STEM 所涉及的课程，培养学习者综合运用各专业知识的能力。③ 将 STEM 教育视为一种教学策略，其目标是通过灵活应用探究性学习、基于项目的学习和基于设计的学习等学习方式，来培养学习者综合利用 STEM 知识解决现实问题的能力。因此，STEM 独立学科的学习也可以是 STEM 教育，其关键在于学习者是如何学习知识和运用知识的（傅骞等，2016）。

傅骞等（2016）根据具体目标的不同，把 STEM 教育分成验证型、探究型、制造型和创造型四种不同的应用模式。验证型 STEM 教育应用的目标是让学习者通过综合运用 STEM 知识验证一个学习者已经明确的结果，其核心是学习者的验证过程及方法而非结果；探究型 STEM 教育应用的目标是让学习者通过综合运用 STEM 知识去发现并解释某些学习者未知的现象，其核心是学习者的探究过程及结果；制造型 STEM 教育应用的目标是让学习者通过综合运用 STEM 知识去完成一个已有形态物品的生产和改良，其核心是学习者的工程实践能力的培养；创造型 STEM 教育应用的目标是让学习者通过 STEM 知识的综合运用去完成一个创新物品的设计和制造，其核心是创新的设计。

3. 支持系统

蔡苏等（2016）介绍了美国 STEM 教育中社会组织的参与。社会组织包括：① 政府（国会、白宫、教育部、国家科学基金会、国家海洋与大气管理局、国家航空航天局）。② 大学（哈佛大学、麻省理工学院、加州大学伯克利分校、约翰·霍普金斯大学）。③ 非营利机构（美国国家科学院、工程院、美国科学促进会、考夫曼基金会、史密森学会）。④ 专业学会（工程教育协会、国防工业协会、美国建筑协会）。⑤ 专业 STEM 机构（STEM 教育联盟，主要为美国国会、政府和机构提供相关决策的咨询机构；项目引路，专门致力于在初高中提供严格、创新的科学、技术、工程和数学课程计划的机构；变革方程，由一百多位企业 CEO 创建的致力于在中小学推广 STEM 教育的公益机构)。⑥ 企业（主要的高技术和教育公司等，这些社会团体通过各种途径为 STEM 教育的开展提供广泛的研究、咨询等多项服务)。

STEM 教育教师的培养主要是指复合型教师的培养，包括科学技术工程复合型教师、科学工程技术复合型教师、科学技术数学复合型教师等。在现阶段，我国创客教育师资的培养应更多地考虑整合社会资源，加强校内、校际以及与社会的合作，共同培养 STEM 教育师资，促进 STEM 教育的发展。

第三节　激发数学学习动机的游戏策略

一、游戏

Huizingza 认为，游戏是一种自愿的活动或消遣。这种活动或消遣是在某一固定时空范围内进行的，其规则是游戏者自愿接受的，但又有绝对的约束力。游戏以自身为目的而伴有一种紧张、愉快的情感和“不同于日常生活”的意识。

二、游戏的特点

游戏具备以下主要特征：① 游戏是一种自愿活动。游戏者参加游戏活动完全出于内在的动机，而非遵从命令。② 游戏是一种带有虚幻性的活动。游戏不是真实生活，游戏者可以根据想象虚设游戏情景、确定游戏角色、假想游戏玩具、制定游戏规则。③ 游戏依据规则进行。游戏者必须依照规则参与游戏，否则游戏无法顺利进行。④ 游戏能够带来愉快的情感体验。游戏过程中游戏者沉浸于虚设情境中，努力摆脱束缚、追求自由，获得个体性情的愉悦和满足（刘艳丽，2006)。

游戏是基于规则的、反应性的、挑战性的、累积性的和吸引力的交互式模拟系统。① 游戏是基于规则的模拟系统，它表示基于因果规则的模拟模型。② 游戏具有应答性。模拟系统是交互式的，即它对玩家的动作做出迅速而清晰的反应。③ 游戏很有挑战性。模拟环境允许玩家在困难的任务上取得成功。④ 游戏是累积性的。模拟环境反映了玩家以前的行为，并允许评估玩家在实现目标方面的进展。例如，游戏可能显示玩家当前的级别或得分。⑤ 游戏很有吸引力（Mayer，2016)。

三、游戏的形式元素

刘艳丽（2006）提出了游戏的形式元素，包括玩家、目标、操作、规则、资源、冲突、结果。

1. 玩家

玩家包括玩家数量、玩家角色和玩家相互作用模式。

（1）玩家数量：是指同时参与同一游戏的人数，可分为单人游戏和多人游戏。单人游戏参与者通过完成某些任务或获得分数等来获得游戏的胜利。多人游戏通过参与者之间的相互作用，调动学生的好胜心与积极性。

（2）玩家角色：是指玩家在游戏中扮演的人物。玩家的角色有：① 可爱活泼型。小学生特别是低年级学生活泼爱动，他们喜欢跟自己一样活泼可爱的角色。② 崇拜的人物。如果让学生在游戏中扮演自己崇拜的人物，例如，警察、科学家，让他们在游戏中实现梦想，无疑对孩子具有不可抵挡的吸引力。③ 经典神话、童话、影视剧中的形象。比如孙悟空、哪吒、迪尼斯动画片中的米老鼠与唐老鸭。

（3）玩家相互作用模式：玩家玩游戏本质上就是与游戏系统或其他玩家之间进行相互作用。玩家相互作用模式有：① 玩家与游戏对抗。这是指玩家与游戏系统相互作用的游戏，其中玩家可以是单个人，也可以是多个相互独立的人。目前，单个玩家与游戏系统相互作用是游戏中最常见的相互作用模式。在这种游戏中，常用一些玩家需要完成的任务来制造玩家与游戏系统之间的冲突。② 玩家与玩家对抗。即游戏参与者之间相互对抗，最后以某一方胜利结束。这种对抗可以是一个玩家与另一个玩家直接对抗、一个玩家与多个玩家单边对抗，也可以是多个玩家之间相互对抗，甚至是团体之间对抗。这种人与人之间的对抗比单纯人与系统的对抗更灵活，更富有趣味性。它因具有人与人之间的竞争，而更能够调动游戏参与者的积极性。很多单人游戏也利用这种玩家之间的竞争，设置了游戏积分排行榜来调动游戏参与者的积极性。③ 玩家与玩家合作，即两个或两个以上的游戏参与者联合起来相互协作，与系统或其他游戏参与者相对抗，既包括合作因素，也包括竞争因素。

2. 目标

目标是指玩家在游戏规则范围内要完成的任务，包括捕获、比赛、排列、营救或逃脱、探索、解答。

3. 操作

操作是游戏规则允许的、玩家为了达到游戏目的可以采取的游戏动作和方法，也可以称之为游戏的玩法。

4. 规则

规则是游戏的一个关键元素，它定义了游戏对象和允许玩家采取的操作。游戏参与者必须理解、接受并严格遵守这种规则，才能顺利地进行游戏。

5. 资源

资源在游戏系统中应该兼有可用性和缺乏性。常用的几种资源有：生命、健康、货币、对象（如宝石）、时间、问题（将问题作为得分的手段）。

6. 冲突

设计者通过创建不允许游戏参与者直接完成目标的规则，将冲突设计到游戏中。游戏中有三种最典型的冲突：障碍、对手和两难选择。

7. 结果

大多数游戏的最终结果是产生一个或多个获胜者。

四、游戏的戏剧性元素

戏剧性元素是指从感性上吸引学生参与游戏的元素，包括挑战、人物、假定、故事、故事性弧线五个元素（刘艳丽，2006）。

（1）挑战：很多人被游戏吸引是因为克服某种挑战时能获得成就感。

（2）人物：游戏中的主要人物称为主角，他对问题的处理创造了推动故事发展的冲突，对游戏的结果具有很大影响。而对手阻止主角解决问题。

（3）假定：例如，太空入侵者就是一个运用假定的典型例子。游戏中假定外星人向地球进攻，玩家的责任就是击毁入侵者，保护地球。

（4）故事：在游戏系统中，学生是可以与游戏发生交互作用的参与者，他们能改变故事结局。因为游戏系统是非线性的，所以传统的故事情节无缝整合到游戏系统中非常困难。最常用的整合方式是将故事作为游戏的背景。

（5）故事性弧线：冲突是游戏系统的中心，当冲突发生作用时，为了让戏剧性更加有效，冲突应该逐级增强。逐级增强的冲突制造了紧张的游戏气氛，导致游戏弧线的产生。

五、数学游戏

夏艳清（2002）认为，游戏分为智力游戏和活动性游戏，前者的目的主要是发展智力，后者则是体力活动。智力游戏是一切有利于提高人们智力水平的游戏，包括文字游戏、逻辑游戏、图画游戏等。数学游戏属于智力游戏，是一种运用数学知识的大众化的智力娱乐活动，它寓数学问题于游戏之中，让人们在做游戏的过程中学到数学知识、数学方法和数学思想。凡是蕴含着数学原理，在游戏过程中应用到数学知识或数学方法的智力游戏均可归结为数学游戏。

（一）数学游戏的类型

夏艳清（2002）将数学游戏分为五种：

（1）数的游戏。它是指表现形式为数，或者可以建立数量模型的游戏。解决这类游戏通常用到算术、代数、数论、排列、组合、概率等方面的知识。数的游戏讨论的是数字之间的关系，其特点是涉及的内容多为初等数学，解决起来通常也不难，但是当寻求对某类问题普遍适用的方法时，却容易引申出高等数学知识。最初的数学游戏多是数的游戏。意大利数学家斐波那契描述的问题就是数的游戏：有7个老妇人在去罗马的路上，每人有7匹骡子，每匹骡子驮7只口袋，每只口袋装7个面包，每个面包带7把小刀，每把小刀有7层鞘。在去罗马的路上，妇人、骡子、面包、小刀和刀鞘分别有多少？

（2）形的游戏。它是指表现形式是几何图形的游戏。解决这类问题通常用到几何、图论、剖分、刚体变换、拓扑等方面的知识。形的游戏讨论的是点、线、面的组合及它们之间的关系，其特点是直观性强，易于了解题意，通常可以根据图形解决问题。有许多形的游戏要用到实物模型，使趣味性得到增强，如魔方、七巧板、华容道、麦比乌斯带、克莱因瓶、迷宫等，其中最简单、最常见的是七巧板。

（3）博弈游戏。它是指带有竞技性质的游戏，有严格的数学逻辑构造，多是两人参与，但也有一人或多人参与的。这类游戏的特点是有规则支配，这些规则构成一个理想的有秩序的世界，在这个虚拟的世界里，游戏者必须按照规则行动。多人参与的游戏，其结果是有赢家也有输家，而数学家们探讨的是成为赢家的秘诀。围棋、象棋、跳棋、五子棋、六角棋、西洋棋等各种棋类都属于博弈游戏。

（4）逻辑游戏。它包括一些逻辑推理问题和涉及逻辑知识的带有趣味性的数学悖论。

魏俊晨（2016）将数学游戏分为五种：

（1）情境式游戏。例如，争当购物小达人。游戏人数：无限制。游戏规则：① 出示不同价格的商品；② 快速、正确地用人民币学具摆出购买方案的同学获得这件商品；③ 游戏结束后，组内谁获得的商品最多，谁就是小组的购物小达人。

（2）活动式游戏。例如，“算24点”游戏。扑克牌（去掉大小王）游戏方法：牌面上的数字进行混合运算（每张牌只能用 1 次），使得运算结果为 24。

（3）体验式游戏。例如，小猫钓鱼游戏（20 以内的加减法计算）：① 桌面上摆放 10 张牌作为“鱼”，同桌的两名学生每人手中有 5 张牌；② 两人轮流用手中的牌根据约定的“和”去“钓鱼”。

（4）操作式游戏。例如，你能用 9 根火柴棒拼出 4 个相同的三角形吗？

（5）闯关式游戏。可以根据学生所处的不同关卡反馈成绩，并及时给予帮助。

杨健辉和黄继和（2017）发现，小学生玩的数学游戏很多，如火柴棒、七巧板、扑克牌、数独、扫雷、魔方、汉诺塔、数尺、华容道、九连环、鲁班锁、俄罗斯方块等，但这些游戏中有的蕴含的数学原理过难、过多，学生玩起来吃力，也难以理解其中的原理；有的游戏所含数学成分不多，很多时候是考验学生的眼力、反应力、手指的灵敏度，很难看出它们与数学学习之间有直接的必然联系；有的游戏则是规律性太明显，学生一旦知晓其操作规律，游戏对他们来说就不再具备吸引力，剩下的只是拼速度、拼细心。

（二）重要的数学游戏

1. 扑克牌游戏

扑克数学游戏是借用扑克这个工具把数学成分、智力成分表现出来的数学游戏。

（1）与数有关的游戏。它是指利用扑克上的数字、花色等信息和初等数论相联系起来的游戏，主要涉及数的整除、余数、约数、倍数、实数的运算等方面的知识。典型的例子有比较数的大小、算 24 点等。又依据数的基本性质，将有关数的游戏划分为数的计算、数的计数、数的排序三大问题。

（2）与形有关的游戏，是指利用扑克的形状等信息和几何中的排序、旋转、对称等相联系起来的游戏。典型的如扑克牌的排序问题等。

（3）与概率统计有关的游戏，是指利用扑克和古典概率等联系起来的数学游戏，其主要特征是事件发生的可能性大小或游戏的公平性问题等。典型的例子有出现某张牌的可能性问题等。在不同年龄阶段，扑克游戏都能为学习者提供机会。在一、二年级，学生可以练习“比大小”，练习两三步的加减运算；在三、四年级，学生可以练习四则运算、算 24 点；在五年级，学生可以进行数的运算，引出分数，甚至还可以让学生猜数、做数学谜等游戏，从而引出方程的运算；到六年级，利用“花色代表正、负号”的特性，学生利用扑克牌也可以进行有理数的四则运算（蒋忠勇，2010）。

简敏豪等（2017）研究了数学游戏“算24点”的新变化与拓展。“算24点”是流传很广的扑克牌游戏：从四种花色的1（A）至10共40张牌中任取4张，根据牌面上的数字进行四则混合运算（每张牌只能用1次），使得计算结果为24。不同地方的玩法略有差别，比如，用J、Q、K分别代表11、12、13点，共52张牌参与游戏。“算24点”游戏简单易学，便于操作，可提高口算能力，是一项集学习、娱乐于一体的数学活动。拓展方式如下：① 灵活匹配游戏中的运算组合要求。限定只用加、减法计算；限定只用乘除法计算（或限定只用乘加、乘减、除加、除减计算）。② 将计算与思考有机结合起来。从一副扑克牌中取出8张牌（4张2和4张3），再从中每次任意选出4张为一组算24点，写出算式及其结果（取牌时只考虑点数，不考虑花色及颜色，结果可包含无解）。③ 追寻“假如得不到24点呢?”计算结果为12点或36点的算式；计算结果最接近24点的算式。④ 尝试非常规或特殊的解答思路。如牌组（1、4、6、5）算24点，$4\div(1-5\div6)=24$，或$6\div(5\div4-1)=24$，小学低年级学生采用$65-41=24$。

贾书智（1998）研究“十点半”游戏，其实是凑10点半。把扑克牌上画面为1～10点以外的14张J、Q、K等纸牌统统称为半点。玩牌时不限人数，一人发牌，每人一张。有的小朋友得7点，有的小朋友得3点、2点、半点、10点。发牌后觉得数小的小朋友可以再要牌，直至点数满意为止，最后摊牌，依点数多少排序，以10点半为最大。若有人几次要牌后累计点数超过10点半，则为自我爆炸，点数为0。凑10点半游戏是训练孩子心算10以内连加的一种有效方法。10点半玩熟了，可扩展到凑20点半、30点半。

2. 七巧板游戏

在1000多年以前，我国就出现了一种广泛流传的数学游戏——七巧板。它是由尺寸相关联的一对大直角三角形、一对小直角三角形、一个中直角三角形、一个正方形和一个平行四边形所组成的。七巧板的流行大概是由于它结构简单、操作容易、明白易懂的缘故，用七巧板能拼出的图案超过1600种。用七巧板可以拼成等腰三角形、长方形、平行四边形、直角梯形、等腰梯形、五边形、六边形等几何图形。这是小学生另一种图形变换的练习（等积变换），且蕴含着出入相补原理这一重要的几何命题（张维忠，2003）。

3. 具体内容的数学游戏

（1）可能性和可能性的大小游戏（陈华，2017）

① 在摸球游戏中体会事件发生的确定性和不确定性。这里有两袋乒乓球，1号袋子里有2个红球，2号袋子里有2个黄球，谁摸到红球的次数多谁就获

胜。如果想赢得这次摸球比赛，你会选择几号袋子？如果在 3 号袋子里放进 1 个红球和 1 个黄球，任意摸一个球，你觉得结果会怎样？那么摸摸看，摸到红球的获胜。你摸到红球了吗？如果摸到了，是第几次摸到的？如果再让你摸一次，可能会摸到什么球？

② 在扑克牌游戏中感受随机事件的可能性大小。出示 4 张扑克牌：红桃 A、红桃 2、红桃 3 和红桃 4。现在把这 4 张扑克牌打乱后反扣在桌子上，如果任意摸 1 张，你觉得可能是哪一张？摸之前你能确定吗？如果把红桃 4 换成黑桃 4，只摸一张牌会有哪些可能？摸出红桃的可能性大，还是黑桃的可能性大？如果是 10 张红桃和 1 张黑桃，你认为可能摸到黑桃吗？与刚才的 3 张红桃和 1 张黑桃相比，哪种情况下更容易摸到黑桃，为什么？

③ 在猜题游戏中渗透着随机事件发生的概率。出示对应的习题（说一说、转一转、摸一摸、猜一猜）。再来玩个猜题游戏。请听好游戏规则：在每个题后面有对应的一道题目，不能重复选择（一人选好题目，其他学生猜题）你猜他会选择哪一题？有多少种可能？如果只给你一次机会，你猜对的可能性大，还是猜错的可能性大？

（2）长方形、正方形和圆的游戏

让学生合作搭积木。在活动中对长方体、正方体和圆柱进行了再认识，进一步体会了其特征，为把几何形状从具体的物体上分离出来做好了准备（郭文图，2005）。

（3）数感游戏

在教 100 以内的数之后，组织同桌学生进行“猜数字”游戏活动。通过这样的游戏活动，使学生掌握了 100 以内数的大小关系，并会用“多些”“少些”“多得多”“少得多”等词语描绘两个 100 以内的数的大小关系。

（4）“猜一猜有多少”游戏

抓一把糖，数数有几颗；再抓一把花生米，猜猜大约有多少粒。数一数花生米，看你猜的准不准？为什么一把花生米比一把糖的粒数多？再抓一把黄豆，你能估计出大约有多少粒吗？通过这样的活动，增强学生的估计意识，培养数感（郭文图，2005）。

（5）数的分解游戏

游戏准备：小布球若干个，废旧纸箱 4 ~ 8 个，小黑板 4 个。游戏过程：① 把全班幼儿分成 4 ~ 8 组，每组请一位幼儿记分。② 每组人数可随意定在 10 人之内。布球的个数与每组人数相同，并在每组幼儿前 3 米左右的地方放置一个纸箱。③ 请幼儿分组进行比赛，投掷布球。每个幼儿投一次。游戏结束后，全体幼儿一同统计点数，看哪一组投进的布球多。④ 请每组负责记录的幼儿宣布结果（根据本组投进的布球数和箱子外面没有投进的布球数，报出 10 可以分成几和几），游戏可以反复多次进行（桑琳，1996）。

（6）20 以内进位加法游戏

在一年级 20 以内进位加法的教学中，可通过游戏来帮助学生理解进位加法的规律。教学 9 加几、8 加几时，可用小棒游戏“凑十法”进行教学，让学生在分、摆小棒的操作活动中，抽象出 20 以内进位加法的方法就是“分少的，凑大的，少的剩几就得十几”的规律。学生一旦掌握这一规律，再学 7 加几、6 加几等知识时，就水到渠成了（李密兰，2011）。

（7）平均数的游戏

在一节课的最后 10 分钟，设计“拍球”游戏，选择班上 15 名学生，将其分成甲、乙两组，其中甲组为 8 人，乙组为 7 人，游戏的规则是两组成员在 1 分钟内各自拍球，最终比一比哪组拍得多。在游戏结束时，甲组共拍了 98 个,乙组共拍了 95 个。这时，问学生到底哪组赢了。有些学生认为，甲组人数多，因此游戏不公平。教师趁热打铁，引出主题内容“平均数”（王海利，2017）。

（三）电脑数学游戏

刘艳丽（2006）介绍了许多国内外电脑数学游戏，举几例如下：

1. 国外电脑数学游戏

（1）*Fall Over*。游戏目标是在尽可能少的时间内移动竹筐接住 1000 片落下来的枫叶，但是同时还要避免被从树上掉下来的鸟窝、小松鼠砸到，若被砸到则会损失一定数量的已接到的叶子。接到一片枫叶，就加 1 分，分数达到 1000 分就算胜利。学生在接树叶、数树叶的过程中进行了数数练习，通过直观的方式获得了数字的实际意义。

（2）*Go-Go-Go-Karts*。两个游戏参与者进行赛车比赛，看谁先到达终点，就要每次从红色按钮上选择一个恰当的速度让车走过尽量多的方格。游戏中每一个红色按钮上都有一个数学算式，算式的结果就是赛车的速度，也就是赛车能够走过方格的数量，但并不是每次选择最大速度，就可以走过最多的方格。因为如果车停在红色方砖上，就会被往回移动方砖上所示数量的方格；如果移动到绿色方砖上，则会被往前移动方砖上所示的方格。因而，学生为了能够移动数量最多的方格，必须综合考虑红色按钮上算式的结果、赛车停止方格的颜色，以及上面的数字这几个因素，以求获得最佳组合。这个游戏不仅训练了学生的计算能力，而且同时训练了他们的组合策略与逻辑思维能力。

（3）*Multiplication Bridge*。游戏参与者要帮助被抢劫的银行追捕银行大盗。学生要想通过桥截住银行大盗，必须计算出桥上一连串的加减法算式。

（4）*Comtes* 游戏。游戏参与者作为科学家要击毁飞来的彗星拯救地球。一群彗星快速向地球飞来，如果与地球相撞，将给人类带来毁灭性灾难。游戏参与者作为天文学家的助手，要和他一起用激光武器击毁彗星拯救地球，为了完成任务，学生必须按照博士的要求将激光方向的控制器的指针旋转到指定角度，以瞄准飞来的彗星。这里将角的认识与应用整合进游戏目标，没有任何拼凑的痕迹。

（5）*Shape Cave*。游戏参与者要运用几何图形创造人或动物，游戏中出现的只是创造的形象，游戏参与者作为创造者存在于游戏之外。学生要用图形创造人或动物，必须先辨认需要用到的几何图形，辨认正确后才能将这个图形拼接到组合图形上。游戏里，在金碧辉煌、充满童话气氛的古堡中，有一个可以由基本图形拼成的黑色的人或动物等待着学生把它复活。只有学生把需要用到的基本图形识别出来，那个图形才能组合到人或动物身上；当所有的图形全部被识别并拼上时，那个可爱的卡通形象就变成彩色的，并向游戏参与者表示感谢。

（6）*Inskert*。水母 *Inskert* 必须捕捉到带有数字的水泡，并将它放入某个空缺的等式中，如果等式成立，游戏积分将增加。但是 *Inskert* 在捕捉和投放水泡的过程中，如果被来回穿行的螃蟹扎到，它的生命值就会减少。

（7）*Penguin waiter*。目标来源于餐后要根据账单的多少付小费的生活习俗。游戏给出晚餐的账单和应付小费的百分比，学生作为被提供服务的人要计算应付多少小费，这样游戏目标与百分数学习就自然地整合在一起了。

（8）*Lemonade Tycon*。中学生是卖柠檬汁的小贩，只拥有少量的钱和柠檬售货车，他要通过卖柠檬汁让自己在有限的天数内赚到尽量多的钱，以便能够使自己成为柠檬汁大亨。在卖柠檬汁之前，学生必须先到百货店购买各种柠檬汁配料，这些配料的价格每天都会发生变化。学生还要通过阅读报纸上的新闻寻找顾客可能最多的地方，然后去那儿售卖。游戏中学生每一次买进和售出都会对他能否成为大亨产生影响。为此，学生要比较配料每天的价格，决定买进配料的种类和量，同时，还要通过阅读寻找出售的地方，这样就将数学运算、逻辑判断、问题解决、决策技巧及阅读等学习活动有机整合进游戏的买卖规则中，浑然一体。学生用已有的钱购买各种配置柠檬汁需要的原料，当这些柠檬汁卖出以后，可以挣更多的钱，而学生最后拥有的货币总量恰恰是衡量他们能否成为大亨的标准。

2. 国内电脑数学游戏

（1）浣小部落村。该游戏支持几十个学生同时做购物游戏，用于复习100以内数的加减运算。学生可以在游戏中扮演售货员、顾客两个角色，在肯德基、超市、游乐园三个场景中相互即时对话，共同完成一个购买、找钱的过程，从而获得生活经验。

（2）天鹅湖奇遇。小鼹鼠必须按照正方形、三角形的顺序选择路径，如果选择正确，小鼹鼠就向密室靠近一步；否则就会掉入水中，前功尽弃。

（3）探索星空。要求学生计算观测到的几何图形的面积。游戏分成两个等级。第一等级提供所要计算图形的面积公式，第二等级不再提供面积公式。

（4）校园小园丁。学习内容是长方形、正方形、平行四边形、三角形、梯形、组合图形等平面图形面积的计算。学习对象是小学五年级学生。故事情境：春天来了，校园小园丁要在校园的花园里种植各种花草，把学校装扮成美丽的花园。在种植之前，小园丁必须依据花坛的面积确定需要种植花苗或花种的数量。只要小园丁能正确计算出花坛的面积，花仙子就会让花坛里开出美丽的花朵。因此，想让花坛里充满盛开的鲜艳的花朵，就要依靠小园丁掌握计算平面图形面积的数学本领（刘艳丽，2006）。

（四）数学游戏的教育价值

张维忠（2006）认为，数学游戏具有下列教育价值：

（1）游戏是学生获得数学内容与思想方法的有效方法之一。例如猜数游戏（甲：我想了一个两位数，你猜猜是什么？乙：这个数比50大吗？甲：对。乙：比70小吗？甲：对。乙：比60大吗？甲：不对。乙：比56大吗？……）这个游戏使得学生在体会数的大小的同时，学到一种解决问题的有效策略，其中包含着用区间套逐步逼近的朴素的数学思想。再如折纸游戏，折纸的对象之所以是一张正方形的纸，是因为正方形与矩形及其他四边形相比，它有四条对称轴；虽然圆和有些正多边形有更多的对称轴，但它们又缺少正方形所拥有的直角，给制作造成了较大的困难。有时人们也用其他形状的纸张作为折纸的开始，但纯粹从正方形开始的作品通常是不用胶水和剪刀的。折纸的对象被创造出来后，留在正方形的纸张上的折痕揭示出几何的大量对象和性质：相似、轴对称、中心对称、全等、相似性、比例，以及类似于几何分形结构的迭代（在图案内不断地重复图案）。

（2）游戏与数学的结构相似性保证了游戏有利于培养学生的数学思维，使学生更深刻地理解数学的精神。

（3）游戏可以培养学生对数学经久不衰的兴趣，并使他们形成正确的数学态度。

第四节　激发数学学习动机的计分策略

数学学习不良是学龄儿童普遍的学习不良类型，美国大规模研究发现：约有6%的小学生被诊断为数学学习不良（曾盼盼，2002）。对普通学生来说，计算不是问题，但对于一些特殊学生来说（例如，学习不良学生、智力障碍学生、自闭症学生），计算并非易事。如何激发数学学习不良学生学习计算题的兴趣？

针对数学学习不良学生，美国学者研制了课程本位测量（curriculum-based measurement）。它的一大特色在于按照计算结果的数字计分（digital scoring）（张旭等，2009），例如，4507 - 2146 = 2441，从传统评分来看，计算错误得0分，但采用数字计分法，个位和千位上的两个数字正确，得2分，这种计分方法能够捕捉到学习不良学生微小的进步。Shapiro（2005）报告了小学数学学习不良学生解计算题每周平均进步速度为0.38个数字，也就是说，每周正确进步达不到1个数字。对于这么慢的进步速度，学生自己也觉得没有什么进步。是否还有其他方法能让学生看到自己的进步？

笔者认为，按照解题过程的数字来计分，可以让学习不良学生看到自己的进步。这种计分策略的设计思路来源于主观题按照解题步骤计分、计算题（客观题）也按照解题步骤计分，这符合认知加工过程的思想。对于整数加减法来说，按照结果的数字计分与按照过程的数字计分是一致的，但是对于乘除法来说，这两种计分差异很大。下面按照整数、小数、分数的顺序，分别阐述在四则运算中这三种计分方法的差异。

一、整数

（一）加法与减法

整数加法与减法基于结果的数字计分规则，从右到左，与正确答案比较，相同数位上相同数字的个数，就是此题的得分（Stecker，2007）。如3789 + 2358 = 6147，如果学生答案是6137，传统计分是0分，基于结果的数字计分和基于过程的数字计分都是3分，这两种计分的范围为0 ~ 4分。

（二）乘法

整数乘法基于结果的数字计分规则是，从右到左，与正确答案比较，相同数位上相同数字的个数，就是此题的得分（Stecker，2007）。例如，468 × 389 =

182052（图 4-1），如果学生答案是 172052，传统计分是 0 分，因此，基于结果的数字计分得 5 分。基于过程的数字计分，从个位数 9、十位数 8 和百位数 3 分别乘 468 所得的结果（4212、3744、1404）来计分，再把三个结果加起来（182052），从右到左，共有 18 个数字，每个数字 1 分，总分 18 分。基于结果的数字计分的范围为 0～6 分，而基于过程的数字计分的范围为 0～18 分，进步空间扩大，学生更容易看到进步。

（三）除法

多位数除法可以分解成多道加、减、乘法运算。整数除法可以分为整除和带余除法两种类型。

1. 整除

整除基于结果的数字计分规则是，商从左到右，与正确答案比较，相同数位上相同数字的个数，就是此题的得分（Stecker，2007）。例如，2793 ÷ 49 = 57（图 4-2），基于过程的数字计分要看数字 245、343、343、57、0 是否正确（从右到左），计分范围为 0～12 分；基于结果的数字计分的范围为 0～3 分。

2. 带余除法

带余除法基于结果的数字计分规则是，商的计分从左到右，余数的计分从右到左，与正确答案比较，（商和余数）相同数位上相同数字的个数相加，就是此题的得分（Stecker，2007）。例如，2810 ÷ 49（图 4-3），正确答案是商为 57，余数为 17，如果学生答案是商为 47，余数为 7，按照传统计分为 0 分，按照数字计分，商部分得分为 1 分，余数部分得分为 1 分，共得 2 分。过程计分需要考虑解题过程中的数字（245、360、343、57、17），总分为 13 分。因此，基于过程的数字计分的范围为 0～13 分，基于结果的数字计分范围为 0～4 分。

```
    468
   ×389
 ------
   4212
  3744
 1404
 ------
 182052
```

图 4-1　整数乘法

```
      57
 49)2793
    245
    ---
     343
     343
     ---
       0
```

图 4-2　整除

```
      57
 49)2810
    245
    ---
     360
     343
     ---
      17
```

图 4-3　带余除法

二、小数

（一）加法与减法

小数加法与减法基于结果的数字计分规则是，从小数点开始，向两个方向比较，与正确答案相同数位上相同数字的个数，就是此题的得分（Stecker，2007）。例如，483.52－80＝403.52，学生答案是53.52，传统计分为0分，数字计分和过程计分都是3分。

（二）乘法

小数乘法基于结果的数字计分规则是，从小数点开始，向两个方向比较，与正确答案相同数位上数字相同的个数，就是此题的得分（Stecker，2007）。例如，46.8×38.9＝1820.52，如果学生答案是1720.52，传统计分是0分，数字计分是5分。过程计分先把小数乘法转化为整数乘法，按照整数乘法。基于过程的数字计分范围为0～18分，基于结果数字计分的计分范围为0～6分。

（三）除法

小数的除法的计分分为整除和带余除法两种类型。

1. 整除

小数除法（整除）基于结果的数字计分规则是，从小数点开始，向两个方向比较，与正确答案相同数位上相同数字的个数，就是此题的得分（Stecker，2007）。例如，279.3÷49＝5.7，学生答案是5.6，此题传统计分是0分，数字计分得1分。基于过程的数字计分范围为0～12分，基于结果的数字计分范围为0～3分。

2. 带余除法

小数带余除法基于结果的数字计分规则是，商和余数按照小数的计分规则，从小数点开始，向两个方向比较，与正确答案相同数位上相同数字（商和余数）的个数相加，就是此题的得分（Stecker，2007）。例如，28.1÷4.9＝5.7，余数为1.7。如果学生答案是商为4.7，余数为0.7，按照传统计分为0分。数字计分法，商部分得分为1分，余数部分得分为1分，总得分为2分。基于过程的数字计分范围为0～13分，基于结果的数字计分范围为0～4分。

三、分数

（一）加法与减法

分数加法与减法基于结果的数字计分法规则是，按照整数部分、分数部分的分母和分子分别计分（从右到左），相同数字的个数相加为得分（Stecker，2007）。例如，$\frac{1}{2}+\frac{2}{3}=1\frac{1}{6}$，学生答案为$1\frac{1}{3}$，按照传统计分为0分，基于结果的数字计分为2分。基于过程的计分还需将异分母化同分母、同分母相加、化最简分数、假分数化为带分数，计算每一步骤上正确的数字数。

（二）乘除法

分数乘除法基于结果的数字计分法规则是，按照整数部分、分数部分的分母和分子（从右到左），相同数字个数相加为总得分（Stecker，2007）。例如，$\frac{1}{2}\div\frac{1}{3}=1\frac{1}{2}$，学生答案为$\frac{1}{2}$，按照传统计分为0分，基于结果的数字计分为2分。基于过程的数字计分还需将除数分子分母颠倒、约分、假分数化为带分数，计算每一步骤上正确的数字数。

基于过程的数字计分具有下列优势：① 能捕捉到数学学习不良的学生微小的进步，学生看到自己的进步后，会对计算感兴趣，也会对自己有信心；② 能够指出数学学习不良的学生在解题过程中的错误之处；③ 能够提醒数学学习不良的学生思考出现错误的原因。

第五章　数学测验

第一节　测验概述

一、测验的客观性指标

测验是对行为样本的客观和标准化的测量。标准化测验具有信度和效度指标。学业成就测验还包括难度和区分度指标。

（一）信度

信度指的是测量结果的稳定性程度，也叫测量的可靠性、稳定性，是反映随机误差的一个指标。信度根据误差来源分为重测信度、复本信度、内部一致性信度、评分者信度。

1. 重测信度

重测信度是指同一量表对同一组被试两次所得结果的一致性程度，大小等于同一组被试在两次测验上所得分数的皮尔逊积差相关系数。同一量表，随着两次测量的时间不同，可以有不同的重测信度。因此，在报告重测信度时，应说明两次施测的间隔时间，以及在此期间被试的有关经历。重测信度用于非成就测验较多。

2. 复本信度

复本信度指两个平行的测验测量同一组被试所得结果的一致性程度，大小等于同一组被试在两个复本测验上所得分数的皮尔逊积差相关系数。它可用于研究测验跨形式的一致性，能够避免重测信度的一些问题，如记忆、学习等；也可以编制多个复本测验。复本信度适用于数学成就测验及长期追踪研究。

3. 内部一致性信度

内部一致性信度主要反映的是题目之间的关系，表征测验能够测量相同内容或特质的程度。确定内部一致性信度最常用的方法是计算克伦巴赫 α 系数，用于非成就测验较多。

4. 评分者信度

评分者信度是指多个评分者给同一组人的答卷进行评分的一致性程度，用于测量不同评分者产生的误差。当评分者为两人时，评分者信度等于两个评分者的积差相关或等级相关系数；当多个评分者评定多个对象时，评分者信度用两个评分者的肯德尔和谐系数来估计，适用于数学成就测验。此外，评分者信度还可用评分一致的项目数除以总项目数的结果来估计。

（二）效度

1. 内容效度

内容效度是检查测验内容是否是所欲测量行为领域的代表性取样的指标。内容效度是成就测验的重要的指标。在实际工作中，测验不可能包含所要测量的行为领域的全部可能，而只能选择一个有代表性的样本，通过观察被试对样本的反应来推测其总体行为。

双向细目表是用于保障内容效度的重要工具。在编制双向细目表时，要先列出学科内容和所要测量的能力水平，再根据教材重点的相对重要性决定它们的权重。应用双向细目表除了可以提高测验的内容效度外，还可以克服专家评定带来的主观性。

2. 结构效度

结构效度是指测验能够测量到理论上的构想或特质的程度。构想通常指一些抽象的、假设性的概念或特质，这些构想往往无法直接观察，但是每个构想都有其心理上的理论基础和客观现实性，都可以通过各种可观察的指标来确定。结构效度通常使用探索性因素分析和验证性因素分析来呈现证据。当然，在学科测验中，很少使用这两个指标，而是使用项目与维度的相关、维度与维度的相关作为指标。

在未知结构（维度）的情况下，通过对测验项目进行因素分析，找到影响测验分数的共同因素。这种因素可能就是我们要测量的心理特质。这就是探索性因素分析的数学方法。实际上，这种方法是对项目进行分组，可以使用SPSS软件操作。因素与特质实际上表示同一个对象，统计学中称为因素，心理学中称为特质。验证性因素分析是指在已知结构的情况下，探索研究者的数据是否符合已知的结构，常使用AMOS软件操作。

3. 效标效度

效度反映测验分数与外在标准（效标）的相关程度，即测验分数对个体效标行为表现进行有效预测的程度。确定效标效度最常用的方法是计算测验分数与效标测量的相关。

（三）难度

项目难度是指项目的难易程度。难度通常以通过率来衡量，以答对该题的人数百分比来表示：$P=(R/N)\times 100\%$，式中 P 表示项目难度，N 表示全体被试数，R 为答对该项目的人数。从公式中可以发现：难度越大，P 值越小。

当学生数较多时，采用两端分组法（Kelley，1939）。当被试较多时，根据测验总成绩将被试分成三组：分数最高的 27% 的被试称为高分组，分数最低 27% 的被试称为低分组，中间 46% 的被试称为中间组。分别计算高分组和低分组的通过率，以两组通过率的平均值作为每一题的难度，其公式为：$P=(P_H+P_L)/2$，式中 P 表示难度，P_H 和 P_L 分别代表高分组和低分组的通过率。利用此方法算得的难度只是一个近似值。

（四）区分度

项目区分度是指测验项目对被试心理品质水平差异的区分程度。若项目区分度高，则能力强、水平高的被试得分高，能力弱、水平低的被试得分低，否则区分度就低。

鉴别指数法是求项目的区分度的主要方法。项目的鉴别指数为：$D=P_H-P_L$，式中 D 为鉴别指数，P_H 为高分组在该项目上的通过率或得分率，P_L 为低分组在该项目上的通过率或得分率。区分度的值在 0 与 1 之间，一般来说，区分度大于 0.3 即可。

二、常模

常模是指常模团体的平均分。百分等级常模百分等级是应用最广的表示测验分数的方法。一个测验分数的百分等级是指在常模样本中低于这个分数的人数的百分比。例如，百分等级是 85 表示常模样本中有 85% 的人比这个分数低。换句话说，百分等级反映个体在常模团体中所处的位置：百分等级越低，个体所处的位置就越低。

三、测验的分类

（1）根据测验的人数测验可分为个别测验和团体测验。

（2）根据测验材料测验可分为语言测验和非语言测验。

（3）按测验的难度进行测验可分为速度测验和难度测验。

（4）按测验解释测验可分为常模参照测验和标准参照测验。

（5）按测验应用测验可分为教育测验、职业测验和临床测验。

（6）根据测验的功能测验可分为能力测验、成就测验和人格测验。

数学成就测验通常是一个团体成就测验，是以语言为主的构造性测验。它既有速度测验，也有难度测验；既有常模参照测验，也有标准参照测验。

第二节　数学能力测验

一、小学生数学基本能力量表

《德国海德堡大学小学生数学基本能力测试量表》是德国少儿心理学家Haffner和Baro花了五年时间研究，并经反复修订于2002年定稿的小学生数学基本能力测试量表。关于小学生数学基本能力的测试，中国尚缺乏公认的量表和参照常模。为了满足实际工作的需要，李丽（2003）制订了适合中国儿童的测试量表。测试内容简单介绍如下：

（1）快速抄写数字。该项测试包括60题，是一个热身测试，主要是让学生掌握测试的方法，适应测试环境。

（2）数学运算领域。该项测试包括加法（40题）、减法（40题）、乘法（40题）、除法（40题）、填充（40题）、比较大小（40题）六个部分，用于评定学生的数学概念、运算速度及计算的准确性。

（3）逻辑思维与空间－视觉功能领域。该项测试包括目测长度（24题）、图形计数（24题）、数方块（28题）、按顺序连接数字（10题）、续写数字（20题）五个部分，用于评定学生的数学逻辑思维、数字规律识别、空间立体思维、视觉跟踪能力。

除抄写数字外，其他11个分测试的成绩组成量表总分。

二、中小学生数学能力测验

苏联心理学家克鲁捷茨基的名著《中小学生数学能力心理学》汇集了1955—1966年关于中小学数学能力问题的主要成果，是一本经典的数学学习心理学著作。本书只介绍该著作中有关数学能力成分的假设和数学能力测验系统的内容（克鲁捷茨基，1987）。

（一）数学能力成分的假设

克鲁捷茨基先假设数学能力由9种能力组成，再通过设计数学能力测验对此进行验证。

（1）把数学材料形式化、把形式从内容中分离出来、从具体的数值关系和空间形式中抽象出它们，以及用形式的结构（即关系和联系的结构）来进行运算的能力。

（2）概括数学材料、使自己摆脱无关的内容而找到最重要的东西，以及在外表不同的对象中发现共同点的能力。

（3）有能力的学生和能力低的学生，在他们“简缩”（即解题时缩短推理过程和有关的运算系统）的速度上应当有所不同。

（4）逆转心理过程（从顺向的思维转到逆向的思维）的能力。

（5）心理过程的灵活性（即从一种心理运算迅速转变到另一种心理运算的能力，以及从陈规俗套的运算解脱出来的行动）。

（6）数学记忆能力。

（7）形成空间概念的能力。

（8）运用数字和其他符号进行运算的能力。

（9）进行“连贯而适当分段的逻辑推理”的能力，而这种推理能力是证明、形式化和演绎所必需的。

（二）数学能力测验系统

数学能力测验系统包括由 79 个测验组成的 26 个系列，其中，22 个测验是算术，17 个测验是代数，25 个测验是几何，15 个其他测验，从信息收集、信息加工、信息储存、类型学四个维度阐述。这些测验是克鲁捷茨基用于研究数学能力的测验，没有信效度数据，因为他的研究多数采用个案研究，当时的苏联学界认为心理测验是伪科学，所以没有按照经典的研究路径去做团体研究。

1. 信息收集

系列 1：未提出问题的题目。目的在于查明被试怎样感知数学题目，是将一道题目看作是一些孤立而无关的事实的集合，还是将一道题目自然地作为一些相互联系的量的复合。

系列 2：缺少信息的题目。目的是当被试感知题目的结构（数量关系）后，确切地指出所缺少的事实。

系列 3：信息过多的题目。由于引进了一些多余的、不需要的和无用的信息，从而掩盖了解题所必需的事实。

系列 4：具有互相渗透元素的题目。目的是研究被试的下列技能：从不同着眼点分辨和评定几何图形的互相渗透元素；从背景材料上分离出图形和图形的元素；把一个元素包含于不同的图形中，并予以不同解释。

系列 1 ~ 系列 3 测量对题目中关系和具体事实的知觉；系列 4 测量从背景

中分离出几何元素与图形。

2. 信息加工

（1）概括

系列5：同一类型题目的系统。被试必须从题目类型的角度分离出什么是基本的、原则的和本质的东西，从无关的、次要的和枝节的东西中摆脱出来。

系列6：不同类型题目的系统。本系列包括6个算术测验和1个几何测验。算术测验是由内容和形式都不相同的题目组成的。被试在解题之前，应先把题目分类；如果分错了，则要求解出题目后再重新分类。系列5的概括在于把题目归入已知的概念之中；系列6是对几个对象的独立概括，从而形成题目所给出的类型的概念。

系列7：从具体逐渐过渡到抽象的题目系统。每道题目都有3～5个变式。第一变式a是一道十分清楚、具体的题目，而最后的变式e则是已转化到抽象的、一般水平的同一题目。变式b、c和d代表从a逐渐过渡到e的、对题目的要素逐步进行概括的中间变式。在测验时，首先要求被试解答抽象的变式e。如被试不能完成这一任务，则给予具体变式a，并要求其解答，然后再回到变式e。若被试还是解不出e，则要求其解变式b，然后回过头来解答变式e。因此每道题目的变式应按e、a、e、b、e、c、e、d、e的顺序给出。

系列8：按已知类型编题。本系列由4个测验组成：算术、代数、几何和逻辑测验各1个。被试在熟悉题目（但没有解答）后，或在解答题目后，必须自己编出同类型与不同类型的题目，旨在查明被试仅在分析某类事物中的一个事物的基础上，是否能对该类事物做出独立的概括。虽然概括通常是作为比较和对照一系列现象的结果，但这里的问题是，被试不经过比较和对照，仅在分析一个现象的基础上，是否能得出有关本质特征（从而也是所有一系列现象的一般特征）的结论。

系列9：证明题。被试在学校根本不解类似的题目（测验B和D），或尚未解过它们（测验A和C是在学校中开始学习相应的单元之前出示的）。这些测验是进一步研究严格意义上的创造性概括——对推理方法的概括或将已经学过的证明原理迁移到类似但较复杂的智力题目。

系列10：按题目的条件列方程。本系列的题目目的是查明被试怎样顺利而自然地形成习惯，怎样迅速地概括某种推理方法，以及迁移的范围有多广。

系列11：不切实际的题目。本系列的题目旨在研究对数学材料概括的某些特点。这些特点表现在对数学材料的知觉中，以及对它的处理和储存中。

系列12：人造概念的形成。本系列的题目旨在揭示学生概括能力的某些要素，这种概括能力是一种与数学活动或任何其他学校活动的进行无关的一般能力。

（2）思维的灵活性

系列 13：具有多种解法的题目。本系列的 3 个测验所提供的题目都能用不同方法求解（除了一般的由算术解法过渡到代数解法外）。目的是研究从一种心理运算到另一种心理运算的转换。

系列 14：具有变换内容的题目。本系列也是研究从一种确定的心理运算到另一种心理运算的转换，而它所包括的题目都是按照下列原则构成的：已知一个原题及其第二变式。在第二变式中，与原题相比较，其中元素之一（这个元素从外表上看似乎并不重要）已经变更，从而导致变式在题目内容和解题运算方面有很大改变。

系列 15：要求重建运算的题目。如同系列 14 那样，本系列的测验旨在研究被试从一种运算方法转换到另一种运算方法的敏捷性，以及按照已变化的条件重新建立一种运算系统的敏捷性。与系列 14 相对照，在系列 15 的题目中，原来的运算方法不仅已经成型，而且还经过了特别的强化（定势）。

系列 16：暗示“自我限制”的题目。本系列所选择的推理题目具有下列不同特点：题目的条件通常被理解为具有某种实际上并不存在的限制，或者是在解题过程中，解题者不自觉地将自己限制在某些可能性内，而不合理地排斥了其他可能。在任何一种情况下，这种不自觉的限制会导致解题者误认为题目不可解。

（3）心理过程的可逆性

系列 17：正向和逆向题目。本系列指的是重建一种心理过程的方向、把正向思维序列改为逆向思维序列的能力，旨在研究学生逆转一个心理过程的能力。

（4）理解、推理、逻辑

系列 18：启发性题目。本系列的题目旨在研究学生怎样学会新内容，怎样探索性地发现自己所不熟悉的原理，怎样独立地建立一般联系和函数相依关系，以及怎样得出独立概括。判断学生的能力不应根据他知道些什么和能做什么，而应根据他获得适当的知识和技能的顺利程度、敏捷程度如何，以及通过什么方法获得。

系列 19：要求理解和逻辑推理的题目。解答本测验不需要特别的知识，但需要逻辑推理的技巧。

系列 20：序列题目（推理）。本系列由两个测验组成：第一个测验包含若干数列，其中每个都是依一定法则排列的。被试的任务是：找出构成每一数列的法则，适当地延续该数列，写出数列的后一项。第二个测验可暂称为“图形的”，它是一个由图形组成的序列，也以一定法则作为构成基础。但它的法则与元素的空间排列有关。

系列 21：数学诡辩（逻辑）。本系列由 7 道题目组成 4 个小测验，都是诡辩（主要是数学的）。虽然推理过程中的错误被巧妙地掩盖了，但是推理结果的错误是颇为明显的。本测验要求学生查出错误，并证明它的确是错误的。

3. 信息储存

系列 22：条件难记的题目。题目的复杂性是由于数据较多，或是来源于题目中直接给出的关系，或是由于条件纠缠不清。学生既然不能记住题目的全部内容，那么他究竟记住了什么呢？是它的结构？还是它的各种关系？还是它的特定的数据？我们事先并未告诉学生将要求再现题目，而只是要求他认真、仔细地阅读题目，并在他读完一遍后收回题目卡。这不仅能揭示出被试记忆方面的特征，还能揭示知觉和概括方面的特征。

4. 类型学

系列 23：解法具有不同程度直观性的题目。V 组（视觉的）题目对于用视觉的手段是最优的，即使不依赖任何视觉形象和图式，它们也可采用推理和语言逻辑的手段来解答，但这个过程就要困难得多。A1 和 A2（平均的）中的题目，相对来说，运用第一和第二信号系统求解的机会大致相等。M1 和 M2 组（思维的）中的题目不必依赖视觉概念，可通过纯思维手段求解。

系列 24：用语言和视觉表述的题目。本系列的题目旨在提供材料，以判断被试怎样发觉和联系一个题目的具体视觉水平和语言抽象水平。

系列 25：与空间概念有关的题目。被试在解答时，不准用笔和纸，也不准借助相应的图形和物体，而只能在头脑中解题。空间概念包括二维与三维的。所有题目的难点在于必须在思维中“看到”平面或立体图形，如果被试能“看到”图形，那么应如何解答；如果被试不能在头脑中解题，那么证明他的空间观念是薄弱的。

系列 26：揭示非数学智力活动的视觉形象与语言逻辑成分之间的相关关系的题目。本系列由两个测验构成：第一个测验是按视觉形象成分占优势的活动编制的（再认一个视觉形象），第二个是按语言逻辑成分占优势的活动编制的（描述一个视觉形象）。

第三节　数学成就测验

一、中国儿童青少年数学学业成就测验

董奇和林崇德（2011）主持编制了《中国儿童青少年数学学业成就测验》，是适用于我国基础教育阶段 2～9 年级儿童青少年的纸笔测验工具。本测验可用于全国范围的儿童青少年数学学习质量调查与监控。

（一）测验的结构

1. 内容维度

① 数与代数；② 空间与图形；③ 统计与概率。

2. 能力维度

① 知道事实；② 应用规则；③ 数学推理；④ 非常规问题解决。

（二）测验的技术指标

1. 难度

某学段题目难度的频数分布表，按照通过率分段呈现。

2. 区分度

某学段题目区分度的频数分布表，按照区分度分段呈现。

3. 测验的信度

① 评分者信度：评分者一致性系数 = 编码一致性题目个数 ÷ 编码的总个数；② 内部一致性系数。

4. 测验的效度

（1）内容效度

通过以下工作的开展确保测验的内容效度：① 通过项目中心组和全国各专家组确立测验的框架和指标体系，明确测验的行为领域；② 在拟定测验框架和指标体系的基础上编制总的和分学段的双向细目表，并依据双向细目表编制题目，确保试题和所测行为领域的匹配；③ 在从测验初步形成到修订完成最终版的整个过程中，不断邀请富有教学经验的教研员和一线教师审题，并在测验编制完成修订前召开专家论证会，判断试题对数学学业能力的取样是否恰当，根据反馈意见进一步完善和修改测验。

（2）效标效度

效标为杭州某区教育学院根据《全日制义务教育数学课程标准》和当地所用的教材编制的测验。求数学学业成就测验与考生统考成绩的相关（三年

级 0.53，六年级 0.72，七年级 0.81，八年级 0.84）。

（3）结构效度

① 维度与总分的相关。包括内容维度与总分的相关（按照年级）；能力维度与总分的相关（按照年级）。

② 年级得分情况。各学段内，成绩随着年级呈现递增趋势。数学学业成就测验分数符合年级发展趋势。

二、口算表与口算量表

（一）口算表

邱学华在学习苏联口算练习条的基础上，研制出口算表。

（二）口算量表

邱学华（2016）在口算表的基础上，编制了 11 张口算量表，每张量表选择主要的 10 种不同类型的题目编成一组，有 16 组共 160 道题，每组的难度大致相等，每次测验，16 组的次序可以相互调换。他采用大样本对口算能力进行调查，均值统计见表 5-1。

表 5-1　口算能力平均值统计（施测时间 1979 年底到 1980 年初）

序号	内容	人数	成绩	序号	内容	人数	成绩
1	10 以内加减法	7175	86.7	7	两位数乘一位数	6542	53.6
2	20 以内加减法	7017	76.1	8	除数是一、两位数的除法	5532	43.5
3	100 以内加减法（一）	7718	57.6	9	100 以外四则计算	5249	36.7
4	100 以内加减法（二）	6064	51.3	10	小数四则计算	5190	43.5
5	表内乘除法	7110	93.3	11	分数四则计算	5866	38.4
6	100 以内四则计算	9021	44.5				

注：① 平均成绩是指 5 分钟内做对的题数；
　　② 参加人数为 72584 人

邱学华在调查的基础上，研制了口算能力的标准（表 5-2）。

表 5-2 口算能力标准

量表号别	口算内容	5 分钟做对的题数	
		及格标准	优秀标准
第 1 号	10 以内加减法	70 ~ 80	90 ~ 100
第 2 号	20 以内加减法	60 ~ 70	80 ~ 90
第 3 号	100 以内加减法（一）	45 ~ 55	60 ~ 70
第 4 号	100 以内加减法（二）	40 ~ 50	55 ~ 65
第 5 号	表内乘除法	60 ~ 90	100 ~ 110
第 6 号	100 以内四则计算	35 ~ 45	50 ~ 60
第 7 号	两位数乘一位数	45 ~ 55	60 ~ 70
第 8 号	除数是一、两位数的除法	35 ~ 45	50 ~ 60
第 9 号	100 以外四则计算	35 ~ 45	50 ~ 60
第 10 号	小数四则计算	35 ~ 45	50 ~ 60
第 11 号	分数四则计算	35 ~ 45	50 ~ 60

《全日制义务教育数学课程标准》（2011 版）对口算的量化标准是：20 以内的加减法和表内乘除法，每分钟 8 ~ 10 题。

张晓霞等在 2004 年调查了四川省小学生数学基本计算技能，被试 5135 人。测试计算技能，问题类型包括口算、笔算，量表内容包括整数、分数、小数的四则运算与四则混合运算，以及简单解方程和比例，共 35 题，10 分钟。在所有被试中，做对 35 题的占 10.6%，做对 31 ~ 34 题的占 53.4%，做对 21 ~ 30 题的占 32.6%，做对11 ~ 20 题的占 2.9%，做对 1 ~ 10 题的占 0.5%，做对 0 题的占 0.1%。调查结果反映的主要问题有：① 逆向思维较差，例如，乘法对加法的结合律不能反过来使用；② 运算顺序不清，例如，28 ÷ 7 × 4，学生首先计算 7 × 4 的占 11%；③ 三位数乘两位数的笔算乘法错误率高；④ 运算性质不明确，240 ÷ 80 = 30；⑤ 小数点的位置处理问题多（小数口算）；⑥ 解方程中移项问题解决不好（张莫宙，2006）。

斯达林（Starlin，1973a）根据不同的数学学习目标和年级水平，列出了下面的标准用以判断学生是否已经掌握某一特定技能（Mercer，2005）。

（1）0 ~ 9 的加法运算和十位数为 1 ~ 5 的两位数的减法运算（2 ~ 3 年级水平）：每分钟应能正确计算 20 ~ 30 个数字，错误总数保持在 2 个以内。

（2）加法运算和减法运算（3 ~ 4 年级水平），每分钟应能正确计算 40 ~

60 个数字，错误总数保持在 2 个以内。

(3) 两位数的加法运算，包括进位的计算（4～5 年级水平）：每分钟应能正确计算 40～60 个数字，错误总数保持在 2 个以内。

(4) 两位数的减法运算，包括退位的计算（4～6 年级水平）：每分钟应能正确计算 40～60 个数字，错误总数保持在 2 个以内。

(5) 乘法运算（5～6 年级水平）：每分钟应能正确计算 40～60 个数字，错误总数保持在 2 个以内。

(6) 除法运算（6 年级水平）：每分钟应能正确计算 40～60 个数字，错误总数保持在 2 个以内。

史密斯（Smith，1982）认为，在加减乘除运算中，如果学生每分钟正确计算 45～50 个数字，就认为学生已经掌握了该技能。

(三) 口算与笔算的关系

邱学华（2016）编制了口算和笔算试卷两套，其中，口算试题，是从百以内的四则计算中选择主要的 10 种不同类型的题目编成一组，全套有 24 组，共计 240 道题，每一组的难度基本相同；笔算试题是多位数的四则计算，按加、减、乘、除四道题为一组，全套 4 组，共 16 道题。基本口算是定时测验（10 分钟）；笔算分定时测验（10 分钟）和定量测验（16 道题）两种。从 158 个班级中，4～6 年级各抽 10 个班级进行统计处理，结果表明，三个组的相关系数都在 0.7 以上（表 5-3）。因此，基本口算是笔算的基础，基本口算的熟练程度制约着笔算能力的高低。

表 5-3　基本口算技能与笔算技能的相关系数

年级	人数	相关系数
4	445	0.760
5	420	0.723
6	429	0.763

三、基于数学课程的测验

对学生学习过程的持续监控是教育领域长久以来的一个重要目标（Deno，1985；Fuchs，2004）。30 年前，监测进步的主要方法是掌握测量，基于布鲁姆的掌握学习理论。教师列出每年课程中一系列具有层次性的教学目标，为每个目标设计一个测验来评价掌握程度。当一个教学目标达到掌握程度后，教师就教下一个教学目标。学习被认为是一系列短期目标的获得，短期目标累积成大的目标。在分析掌握测量优缺点的基础上，整合学科测验、标准化成就测验、智力测验的优势，美国明尼苏达大学的戴洛教授（Deno，1985）提出了监控学生进步的新方法——课程本位测验（curriculum-based measurement，CBM）。它已经有40年的研究基础，主要应用于阅读、写作、数学等。本节对数学课程本位测量（CBM-M）进行述评，指出进一步研究的方向。

（一）概述

数学本位测量吸收了掌握测量的时间短、多次测量监控学生进步的优点，在以下几个方面进行了改进。

1. 测量范围

数学课程本位测量是测试一学年数学课程的内容，而掌握测量对一学年的知识点进行排列，编成许多只包含小知识点的测验。Deno认为，因为掌握测量只涉及单个技能（例如，进位加法），如果学习不良学生感觉到所有问题都是“进位加法”，他们可能会解决此类型，但并没有真正理解；当进位与不进位加法混合起来以后，有可能不能解决了，这说明他们没有真正掌握这些技能。这就对“小成就累积成大能力”提出了疑问。这是掌握测量最大的问题。

2. 标准化

掌握测量通常由教师研制，而数学课程本位测量借鉴了标准化成就测验、智力测验的优点，对测验进行标准化，即测验具有信度、效度和常模。掌握测验中每个知识点测验范围较小，与重要测验（期中、期末，升学）关联不大；而数学本位测验范围较大，与重要测验具有较高的相关，可以预测这些重要测验。

3. 复本测验

虽然掌握测验对学生施测多次，但是达不到复本测验的要求。

4. 进步速度

掌握学习测试一个知识点，反映这一个知识点的掌握情况。掌握测量只是看学生有没有达到掌握程度（准确率达80%），而没有把进步速度作为考查的指标。

5. 保持和概括

掌握学习只是多次测量一个知识点，当某知识点被掌握后，就测量下一个知识点，不再考查上一个知识点，因此，掌握测量不能反映知识的维持和概括程度。

6. 施测对象

掌握测量用于所有学生，而数学课程本位测验虽然也可以用于普通学生，但是更适合于数学学习不良学生。

7. 敏感性

测验的敏感性就是测验能够捕捉到学生微小的进步。掌握测量没有考虑这个概念，而数学本位测验十分重视这个概念，因为数学学习不良学生进步很困难，例如，计算测验以数位作为计分。例如，4507 - 2146 = 2441（2 个数字正确），比较学生答案与标准答案，采用每个数字正确计 1 分，得 2 分，相比传统计分方式为 0 分，这种计分方式更敏感。

8. 数据处理

掌握测量处理数据通常手工处理。而数学本位测验使用计算机系统收集数据，分析数据，给出反馈意见。例如，崔梦萍（2004）在学习 Fuchs 的软件处理数据基础上，研制了数学网络课程本位测评系统。

（二）基于课程数学测验的编制

为了保证测验样本的有效性，每项技能的测验的设置应不少于 3 个题目。

1. 早期数学测验的编制

美国教育统计中心对 10500 个幼儿园儿童进行了追踪研究，发现数学成绩低的三年级学生在幼儿园入学时就具有较低的数字技能，但在幼儿园入学时儿童间差异不很明显，随着时间的延长，差异会逐渐增大，因此，人们呼吁早期筛选，进一步为这些数学学习困难学生提供服务（Methe，2008）。为了识别数学学习困难的学生，研究者们编制了许多早期数学测验，用于施测学前、幼儿园和小学一年级的儿童。这些测验具有多个复本测验、施测时间短（1 分钟左右）等特点，可以监控儿童的进步，从成绩和进步速度两方面识别数学学习不良儿童。

下面从测验的内容、信效度和敏感性三个方面进行概述：

（1）测验内容

① 认数测验

Chard（2005）要求幼儿园和一年级儿童的认数 1 ~ 10，van DerHeyden（2004）要求学前儿童认数 1 ~ 10，Clarke（2008）要求幼儿园儿童认数 0 ~ 10，Floyd（2006）要求学前儿童认数 0 ~ 20，Clarke（2004）要求一年级儿童认数 0 ~ 20，Martinez（2009）使用 Clarke（2004）的认数测验施测幼儿园儿童，Methe（2008）要求幼儿园儿童认数 1 ~ 20，Lembke（2008，2009）要求幼儿园和一年级儿童认数 0 ~ 100。

② 数数测验

Clarke（2004）编制了口头数数测验，要求一年级儿童从 1 开始连续数数；Clarke（2008）采用 Clarke（2004）的测验，施测幼儿园儿童；Martinez（2009）使用 Clarke（2004）的测验，测试了幼儿园儿童；Methe（2008）要求幼儿园儿童从某个数数到另一个数；Chard（2005）编制了 6 个数数测验（由 1 数到 20，从某个数数 3 个连续数字、从某个数数 6 个连续数字、隔 2 个数字数、隔 5 个数字数、隔 10 个数字数）。

③ 计数测验

van DerHeyden（2001）要求幼儿园儿童数圆圈的个数，在四个数字中选择正确的数字（1 ~ 10）；van DerHeyden（2004）编制了数物体（例如蜗牛）个数测验（1 ~ 10），施测了学前儿童；Methe（2008）的测验与 van DerHeyden（2001）相似，施测幼儿园儿童；Lembke（2009）要求数点的个数（1 ~ 10），施测了学前儿童；Floyd（2006）要求学前儿童手指指着圆圈数（1 ~ 20）；van DerHeyden（2011）编制了目测计数（subitivity）测验，要求幼儿园儿童观看呈现圆圈的幻灯片 2 秒钟，并在 20 秒内写下圆的个数（1 ~ 5 个圆）。

④ 序数测验

Methe（2008）将 5 个动物排成一条直线，要求幼儿园儿童说出某种动物在第几个。

⑤ 画圆测验

van DerHeyden（2001）要求幼儿园儿童按照给定的数字（1 ~ 10）画圆。

⑥ 大小比较测验

比较圆的多少。Floyd（2006）要求学前儿童比较相同大小圆的多少（1 ~ 6），van DerHeyden（2011）要求幼儿园儿童比较大小相同实心圆的多少（1 ~ 10），van DerHeyden（2011）要求幼儿园儿童比较大小不相同实心圆的多少（1 ~ 10）。

比较数的大小。Clarke（2004）要求一年级儿童比较两个数（1 ~ 20）的大小，Clarke（2008）要求幼儿园儿童比较两数（1 ~ 10）的大小，Lembke（2008）要求幼儿园和一年级儿童比较两个数（0 ~ 20），Lembke（2009）要求学前儿童比较两数大小（0 ~ 20），Martinez（2009）要求幼儿园儿童比较两数大小（1 ~ 20），Chard（2005）要求幼儿园和一年级儿童比较两数（1 ~ 20）大小，Seethaler（2010）要求幼儿园儿童比较两数（0 ~ 10）大小。

⑦ 缺失数字测验

Clarke（2004）编制了缺失数字测验，每题有三个数字（0 ~ 20），一个数字未知，施测了一年级学生；Clarke（2008）施测了幼儿园儿童，数字介于 0 ~ 10；Lembke（2008）的缺失数字测验在 0 ~ 100，80% 题目相邻数字间相差

1，20%题目相差5或10，施测幼儿园和一年级儿童；Lembke（2009）的缺失数字测验在0～100，80%题目相邻数字间相差1，20%题目相差5或10，施测学前儿童；Martinez（2009）要求幼儿园儿童填写数字缺失测验（0～20）。

⑧ 加减运算测验

van DerHeyden（2011）编制了加减运算测验，以实心圆的形式呈现加数或被减数（1～5），再呈现加（减）法符号，最后以实心圆的形式呈现加数或减数（1～5），要求幼儿园儿童画出以实心圆的个数呈现结果。Seethaler（2010）编制了多技能测验，包括5种问题类型（数星星的个数、星星个数相加、星星个数相减、两个数字的相加、两个数字相减），其中4种为加减计算测验，每个类型5个题目，共25题，5分钟，施测幼儿园儿童。

⑨ 数感测验

Seethaler（2010）编制了数感测验，它是一个多技能测验，包括大小比较、心理数字线、给数字排序、估算、模式、倒过来数数、区别形状、数字表达式、写数学表达式、一一对应，施测幼儿园儿童。

⑩ 几何图形测验

认识图形测验。van DerHeyden（2004）的认识图形测验包括5种图形（三角形、正方形、长方形、圆形、星形），每个题目包括4种图形，学生识别出主试指定的图形。

图形补全测验。van DerHeyden（2011）的图形补全测验包括8种图形（三角形、圆、正方形、十字形、八边形、长方形、菱形、星形），图形有部分缺损，要求幼儿园儿童补全图形。

（2）信效度

① 复本信度和内部一致性信度研究较多

信度研究中，复本信度和内部一致性数据较多，重测信度和评分者信度数据较少，这符合测验的建构目的，因为测验的目的之一在于监控儿童的进步，如果复本信度较低，说明复本测验不等价，不适宜监控儿童的进步，内部一致性信度反映项目是否测量同一种维度。

② 效标效度研究较多

在测验的心理测量学特征的研究中，效标效度研究较多，即以标准化的测验为效标，研究早期数学测验的同时性效度或预测效度，效标主要有10个（数学知识测验、早期数学CBM、Woodcock-Johnson应用题测验、斯坦福早期成就测验、迷你成就测验、教师评价、早期数学能力测验第三版、Brigance筛选测验、Bracken基本概念量表修订版、数学推理测验）。未发现结构效度的研究，可能是由于单技能测验多，多技能测验少。对于多技能测验，按照测验的内容划分测验。对测验内容在论文中做了说明，但未见内容效度的数据。

（3）敏感性

敏感性以平均每周的增长的题目数为指标，每周的增加的题目数越多，测验越敏感。研究集中于认数测验、数数测验、计数测验、大小比较测验和缺失数字测验研究。

2. 计算测验

（1）单技能测验

Tindal 等（1983）编制了单技能测验（加、减、乘、除）。Shinn（1985）编制了乘法事实、除法事实测验。Epstein（1989）编制了加法事实和减法事实两个测验。van DerHeyden（2003）编制了加法测验和减法测验。

（2）多技能测验

Tindal 等（1983）编制了混合运算测验。Shinn（1985）也编制了混合运算测验；Fuchs（1998）编制了数学计算测验，每个年级水平的测验包括 25 题混合运算。Christ（2005）编制了基于年级水平的计算测验。

Hintze（2002）编制了多个技能测验。Thurber（2002）编制了基本事实测验、基于课程的计算测验。基本事实包括 25% 的加减法事实，75% 的乘除法事实。基于课程的计算测验包括大范围的计算技能，从基本的加减乘除事实到更复杂的使用算法和策略。

3. 概念和运用

Fuchs（1999）编制了概念和应用测验。所谓数学概念与应用测验，内容是除计算外的所有内容，每个测验包括 18 个题目（2 年级）或 24 个题目（3～6 年级）。这些测验包括计数、数概念、数字的名称、测量、图表、钱、分数、应用计算和应用题。问题开始于二年级，随着年级的增加难度也增加。

Jitendra（2005）编制了加减应用题。每个试题包括 8 个加减应用题（合并题、变化题和比较题），其中 6 题为一步加减应用题，2 题为两步加减应用题。

（三）基于课程数学测验的作用

1. 识别数学学习不良的学生

数学学习不良的学生定义为成绩和进步速度都低于同伴的一个标准差。

2. 激发学习兴趣

通过对问题答案的数字计分，提高数学学习不良学生的学习兴趣，让他们看到自己的进步，例如，54－18＝46，正确答案应该是 36，传统计分是 0 分，但是基于课程测验是按照数字计分，个位数 6 是对的，所以计 1 分。

3. 进行个性化教学

（1）制定个性化目标

利用个体内框架确立学年目标。建立直角坐标系，以周数（时间）作为横坐标，以成绩作为纵坐标。首先计算进步速度，进步速度就是直线的斜率（至少 8 个数据计算每周的增长率）。然后，将进步速度乘 1.5，增长数 =（进步速度 ×1.5）×周数。最后把目标确定为：基线中位数成绩加上增长数。

（2）制定个性化干预策略

根据学生技能剖面图，确定哪些技能还没有掌握。根据逻辑关系，确定哪种技能需要先干预。

（3）做出教学决策

根据学生学习的实际成绩，做出教学决策，确定是调整目标还是改变干预策略。

通过画图（目标线和趋势线），知道何时修改教学策略，提高教学目标。目标线是指连接基线部分中位数和目标之间的线段。画趋势线表明了学生的实际进步趋势，趋势线为第一阶段的中位数与第三阶段的中位数的连线。

在目标线和趋势线的基础上，选择判断方法 1：如果趋势线比目标线陡，则需要提高目标；如果趋势线比目标线平，则教学策略需要修改；如果趋势线与目标线一致，不改变策略（图 5-1）。在目标线和几次测量数据的基础上，选择判断方法 2：至少进行三周的教学，有 6 个或 6 个以上的数据后，研究连续 4 个最近的点。如果 4 个最近的分数都在目标线以上，则目标应该提高；如果 4 个最近的分数都在目标线以下，则教学策略应该修改；如果最近的 4 个分数既有在目标线以上的，也有在目标线以下的，则继续收集数据，直至 4 点规则可以被使用，或者趋势线可以画出（图 5-2）。

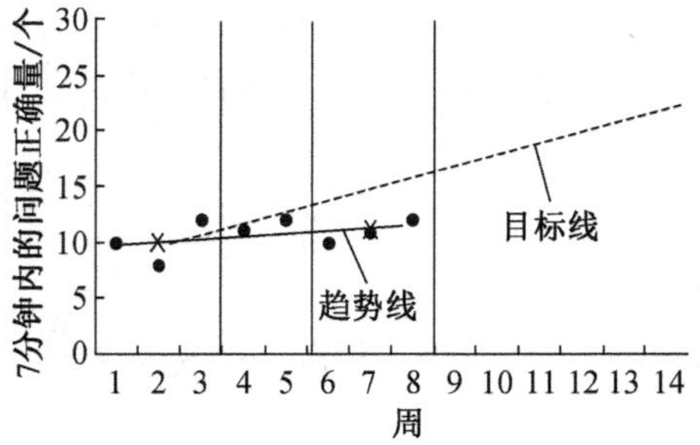

图 5-1　判断方法 1

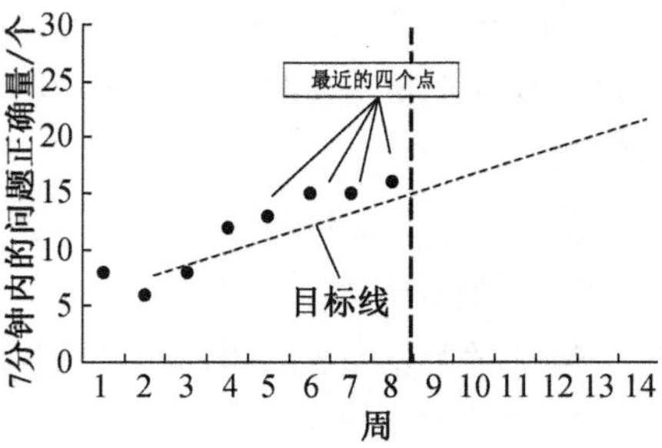

图 5-2　判断方法 2

四、数学概念测验

（一）分数概念理解测查量表

Charalambous 编制了一套学生分数概念理解测查量表（scale for measuring students’ understanding of fractions，SMSUF）。该测验包括部分－整体、测量、比、商和算子5个因子，共33个项目。使用验证性因素分析方法检验了量表的结构效度。分析结果表明，测验结果与理论模型的拟合指数较好，这说明各个因子内的一致性较高。但各个因子之间的路径系数也较高，同时儿童在5个因子上的得分的方差也非常接近。这说明该测验几乎不能区分部分－整体、比和算子三个概念（辛自强，2012）。

Wong（2010）采用“分数理解的评价问卷”，对649名3～6年级学生施测，将儿童理解等值分数概念概括为4个水平。水平1：能够识别简单面积模型表示的1/2的量。水平2：能够识别简单面积模型表示的分数值。水平3：①能够通过分割一个面积模型来表示一个分数；②能够使用等值形式来表示一个分数，例如一个长方形平分成8份，让儿童表示出3/4；③能够识别图形表示的等值分数。水平4：能够识别大于等于1的等值分数。例如，一个长方形4等分并全部涂黑，儿童能够识别4/4，并给它命名不同的名称。

（二）有理数思维测验

Kiren 编制了有理数思维测验（rational number thinking test，RNTT）。该测验主要用于测查儿童对分数的正式语义理解。在测验结构上，RNTT 包括测量、比、商和算子4个因子，共22个项目。对于每个项目，被试需要选出正确答案并说明理由，若仅指出答案而不能说明理由则计零分。Rahim 和 Kieren 在3～11年级共481名学生中进行了测验的信效度检验。探索性因素分析表明：这4个维度可以解释总变异的59%，而且各维度的内部一致性系数均在0.80以上（辛自强，2012）。

（三）有理数概念测验

儿童很容易混淆分数的部分－整体含义与比含义，Lesh 等编制了有理数概念测验（assessment of rational number concepts，ARNC），以考查儿童对这两种含义的理解水平。ARNC 由60个项目组成，包括数学符号与书面语言的转换、图形与书面语言的转换、数学符号与图形的转换和图形与图形的转换4种转换类型。Lesh 等使用该测验测查了650名2～8年级学生。该测验的平均内部一致性信度系数 α 为0.88，它选择国家测验作为外部效标，效标效度在0.90以上（辛自强，2012）。

五、诊断性测验

经典诊断性测验是教学中诊断性评价的工具，是专为诊断学生在学习上的困难而编制的一种测验，目的是评价学生当前的基础知识和基本技能掌握情况，以把握难点。国外有影响的数学诊断测验有斯坦福诊断性数学测验、关键数学诊断测验等。通常将数学测验分解成一些子技能，编制一些题目，测量这些子技能。

现代诊断性测验就是运用测量手段考查学生的认知结构，发现其中的认知缺陷，因此涉及教育测量学和认知心理学两个领域的知识。美籍日裔学者 Tatsuoka 教授提出了规则空间模型理论，它能够有效地诊断学生在解题过程中的认知错误。

在规则空间模型中，把学生在解答题目中需要用到的规则称为认知属性。由于正确解答每一个问题都可以用相应的属性来表示，诊断测验的目的就是用一组属性把学生的认知结构描述出来，并且发现其中存在的认知缺陷。在运用规则空间模型诊断学生的认知错误时，通常可以分为两步进行，首先是确定学生要正确解题可能涉及的所有属性，以及这些属性在理论上的组合模式；其次是建立规则空间，并可以根据学生对每道题目的作答情况，将其判定为某种认知结构类型，不同的认知类型存在不同的认知缺陷。假设某个测验要考察属性 A1 到 A5，如果属性 A3 没有掌握，那么在所有测试题中包含有属性 A3 的题目肯定会答错。这样，我们事先就知道了该学生的反应模式（余嘉元，2006）。

李峰等（2009）基于规则空间模型的方法，编制了四、五年级数学诊断性测验。研究发现，基于规则空间模型编制的诊断性测验具备优良的信效度，尤其在结构效度上具有突出的优势。应用该测验对 1059 名四、五年级学生进行诊断性测验的结果显示：在整体上，学生对整数、初级运算与应用掌握得较为巩固，对量、统计、规律和高级运算掌握得较差；在发展趋势上，量、统计、规律和高级运算是四、五年级之间进步最快的属性。

第四节　其他数学测验

一、数学观测验

（一）数学观

数学观是人们对数学的认识和看法。刘儒德（2004）提出，中小学生的数学观由数学知识观、数学学习观和数学自我概念三个部分组成。数学知识观涉及对数学知识的确定性问题、简单性问题、社会性问题、数学的价值等认识。数学学习观涉及对数学学习或问题解决的过程、策略及其影响因素（如能力和努力）的认识；数学自我概念涉及对自我数学情感体验的认识。

根据学生对“如何学习数学”的回答，Crawford 将数学学习观归纳为五个层次：① 死记硬背，以便复制知识和程序。② 做大量例题，以便复制知识和程序。③ 做大量的习题，以便理解理论和概念之间的关系。④ 做难题，以便理解整个理论及其与已有知识之间的关系。⑤ 理解一种理论，并看看整个理论能应用在哪些情境。（徐速，2006）

（二）数学观测验编制

刘儒德（2002）曾采用四道开放性问题研究了小学生的数学观（表 5-4）。其中，四种反应类型是按学生反应频次由高到低排列的。

表 5-4 四道开放题及其反应编码系统

题目	编码及其典型表述
1. 数学是什么？	A. 数学知识的操作特征，如数学是数字、计算、运算法则； B. 数学知识的实用性质，如应用数学、方便生活； C. 数学的学科类别，如数学是学校里的一门主要课程，是重要的学科，是理科，是知识、学问、科学、方法； D. 数学的心智功能，如数学是思维锻炼、增长知识及能力
2. 为什么学数学？	A. 未来理想，如为了自己将来的工作、生存、前途、发展，为了学业有成，上好学校，为以后的学习打基础，上大学，长大成才； B. 心智发展，如为了锻炼思维、开发智力； C. 数学技能，如为了识数、计算方便快捷； D. 使用价值，如为了应用数学、方便生活
3. 你心目中的数学家是什么样的？	A. 智能特征，如知识渊博、有创造力、聪明、思维敏捷； B. 行为特征，如计算速度快、什么数学题都会做、很爱思考、考试总得满分； C. 外貌特征，如戴眼镜、有胡子、较老的、很瘦、男的、怪怪的、呆呆的； D. 品格特征，如很伟大、很严肃、很美好、人格好
4. 怎样才能学好数学？	A. 表层上的接受学习，如上课认知听讲，认真完成作业，多练习，多做题； B. 深层上的主动参与，如多动脑筋、积极思维，多向他人请教，掌握方法巧学

黄毅英（1992）设计了用于研究初中生的五道句子完成式开放题，来测量初中生的数学观：

(1) 数学是____

(2) 我的数学老师是________________________________

(3) 我的数学课堂是________________________________

(4) 我的数学问题是________________________________

(5) 我的数学学习是________________________________

有研究者在数学涉及运算、数学涉及思考、数学具有实用性这三个维度上分别设计问题，请小学生做出五级评定（徐速，2006）。

二、数学兴趣测验

（一）数学兴趣

兴趣是指人们力求积极认识和优先从事某种活动的心理倾向。它是个性的一部分，是人们从事各种活动的动力。当兴趣主要指向与数学有关的活动时，就称之为数学兴趣。

（二）数学兴趣测验编制

Nurmi（1999）编制的学前数学兴趣量表只有3个项目：你有多喜欢数学？你有多喜欢参与学校的数学活动？你有多喜欢在家参与数学活动？五点计分，总分表示对数学任务的价值感。Upadyaya（2014）编制的学前数学兴趣量表只有两个项目：你有多喜欢数学？（1—不喜欢，7—喜欢）我认为学习数学……（1—无聊，7—有趣）。Anders（2015）编制的儿童数学兴趣量表有四个项目：数学很难、我喜欢数学、数学可以吸引我、我始终对数学充满热情，四点计分。Wininger（2014）设计了小学生数学兴趣量表，共17题，采用五点计分（0—从不，1—很少，2—有时，3—经常，4—总是），在价值和情感体验的基础上，加入了对已有知识经验（例如，我知道很多数学知识）和校外数学活动（例如，我看有关数学的电视节目）的项目。

三、数学焦虑测验

（一）数学焦虑

数学焦虑是个体在学习和使用数学知识或参加数学考试时所产生的不安、紧张、畏惧等情绪状态。

（二）数学焦虑测验编制

Richardson（1972）编制了“数学焦虑量表”（MARS），共98个项目，用于中学生和成人，五点计分（1—完全不符合，5—非常符合），高分表示其数学焦虑水平高。Plake（1982）修订了MARS，形成了R－MARS。Chiu

（1990）在 R－MARS 的基础上，编制了儿童数学焦虑量表（MASC），包含 22 个题目，适用于 4～8 年级学生。

Fennema（1976）编制了数学焦虑量表，共 12 个题目，适用于初中生和高中生，得分高表示数学焦虑水平高。Sandman（1979）编制了“数学焦虑量表”（ATMS），包括 6 个题目，适用于初中生和高中生。Alexander（1989）编制了 25 项简化数学焦虑等级量表。

孙洲（2010）编制了小学高年级学生数学焦虑自评问卷，共 35 个题目，四点计分（1—完全不符合，4—完全符合）。焦虑问卷的三个维度包括一般性消极情绪、考试焦虑、由他人引起的焦虑。一般性消极情绪是指与数字的操纵有关的，以及抽象的数学焦虑，包括消极的心理体验和相应的生理反应。1～15 题表示一般性消极情绪，16～29 题表示考试焦虑，30～35 题表示由他人引起的焦虑。具体题目如下：

（1）只要看到“数学”两个字，我就感到紧张。

（2）上数学课时，我一直盼望下课的铃声赶快响。

（3）我最害怕补上数学课。

（4）拿到一本新的数学书我感到不是很舒服，不大想翻看里面的内容。

（5）我常对数学学习有一种倦怠感。

（6）我一学习数学就想睡觉。

（7）我觉得数学学习枯燥无味。

（8）学习数学对我来说是一种负担。

（9）我害怕碰到数学老师。

（10）我觉得数学符号很复杂，我常常由于紧张而用错它们。

（11）应用题总是很难，我看到应用题就很害怕。

（12）我害怕解数学题。

（13）每当要做数学题时，我就想不起来怎么做。

（14）当我拿出数学课本开始做数学家庭作业时会感到非常紧张。

（15）当我使用数学附录中的数学用表时感到非常不安。

（16）在数学学习时，我经常感觉自己很笨。

（17）在所有科目中，我最害怕数学考试。

（18）当我在事先不知道的情况下参加一次数学测验时会感到非常紧张。

（19）当我参加一次重要的数学课堂测验时会非常紧张。

（20）想到明天要参加的数学考试，我会非常担忧。

（21）即使我这次数学考得很好，但是我仍然对下次考试没有信心。

（22）考数学时，我常常想起过去的成绩表现因而感到紧张。

（23）我常担心数学考试会不及格。

（24）我担心老师公布数学成绩。

（25）通常我对自己的数学成绩感到非常不满意。

（26）与其他课程相比，我对自己的数学成绩感到非常不满意。

（27）与其他同学相比，我对自己的数学成绩感到非常不满意。

（28）在数学考试前，我常常会担心自己考不好。

（29）我担心老师对我的数学成绩感到失望。

（30）老师讲过的题目做不出来时，我为此感到很担心。

（31）上数学课时，回答老师的提问出错，我怕老师会不喜欢我。

（32）同学都已弄懂的数学题我却还未弄懂时，我会感到紧张。

（33）跟同学一起做数学题时，同学做对了而自己却做错了，我感到很难受。

（34）当别人说我比他数学成绩差时，我会觉得非常伤心。

（35）有时我会因为自己的数学成绩比别人差而痛苦。

参考文献

一、中文文献

（一）论著

［1］董奇，林崇德．中国儿童青少年心理发育标准化测验简介［M］．北京：科学出版社，2011.

［2］邱学华．邱学华怎样教小学数学［M］．南昌：江西人民出版社，2016.

［3］理查德·E. 梅耶. 应用学习科学［M］．盛群力，丁旭，钟丽佳译．北京：中国轻工业出版社，2017.

［4］刘电芝. 小学数学学与教的策略［M］．重庆：西南师范大学出版社，2001.

［5］克鲁捷茨基. 中小学生数学能力心理学［M］．李伯黍，等译．上海：上海教育出版社，1987.

［6］美国温特贝尔特大学认知与技术小组. 美国课程与教学案例透视［M］．王文静，乔连全，等译．上海：华东师范大学出版社，2002.

［7］邵瑞珍．教育心理学［M］．上海：上海教育出版社，1998.

［8］唐彩斌，彭翕成，左传波，等．技术改变课堂——超级画板与小学数学．北京：科学出版社，2017.

［9］徐速．小学数学学习心理研究［M］．杭州：浙江大学出版社，2006.

［10］辛自强．问题解决与知识建构［M］．北京：教育科学出版社，2005.

［11］张奠宙．中国数学双基教学［M］．上海：上海教育出版社，2006.

［12］张庆林，邱江．思维心理学［M］．重庆：西南师范大学出版社，2007.

［13］张庆林．当代认知心理学在教学中的应用［M］．重庆：西南师范大学出版社，1995.

［14］Mercer C D，Mercer A R. 学习问题学生的教学［M］．胡晓毅，谭明华译．北京：中国轻工业出版社，2005.

（二）论文

［1］陈英和，赵延芹，张可娟，等．7—8岁数学学习困难与正常儿童加法策略比较研究［J］．中国特殊教育，2004（11）：1－5.
［2］陈祖华．线段图在简单应用题中的运用［J］．青海教育，1998（10）：47.
［3］曹爱婷．几何画板在小学数学教学中的应用研究［D］．杭州：杭州师范大学，2016.
［4］曹子方，赵淑文，孙昌识，等．国内五个地区5—15岁儿童交集概念的发展研究——儿童认知发展研究［J］．心理科学，1983（5）：3－10，65.
［5］丛立新．步步为营：运用变异理论指导教学操作步骤［J］．教育学报，2013，9（5）：68－74.
［6］陈红兵．变式理论与变异理论［J］．教育科学研究，2013，8：22－26.
［7］陈红兵．创设有效的学习空间［J］．教育学报，2013，9（5）：52－60.
［8］邓铸，余嘉元．问题解决中对问题的外部表征和内部表征［J］．心理学动态，2001，9（3）：193－200.
［9］郭建鹏，彭明辉，杨凌燕．正反例在概念教学中的研究与应用［J］．教育学报，2007，3（6）：21－28.
［10］郭建鹏．概念学习理论及其条件述评［J］．心理研究，2010，3（2）：3－13.
［11］郭兆明．加减应用题结构表征干预研究述评［J］．数学教育学报，2015，6：80－84.
［12］郭兆明，宋宝和，张庆林．数学应用题图式的层次性研究［J］．数学教育学报，2006，3：27－30.
［13］Mayer R E，郭兆明，宋宝和，等．在多媒体学习中减少认知负荷的9种方法．中国电化教育，2005（8）：91－93.
［14］郭兆明．数学高级认知图式获得方式的比较研究［D］．重庆：西南大学，2006.
［15］顾泠沅．利用变式图形进行几何概念教学的效果分析一例［J］．上海教育科研，1982（5）：34－37.
［16］顾泠沅，黄荣金，费兰伦斯·马顿．变式教学：促进有效的数学学习的中国方式［J］．云南教育（中学教师），2007（3）：25－28.
［17］韩玉蕾，辛自强．等值分数的理解［J］．心理发展与教育，2012，28（2）：210－217.
［18］黄毅英．数学观研究综述［J］．数学教育学报，2002，11（1）：1－8.

[19] 林崇德．小学儿童数概念和运算能力发展的研究［J］．心理学报，1981，13（3）：43－52.
[20] 林崇德．自编应用题在培养小学儿童思维能力中的作用［J］．心理科学，1984（1）：16－24.
[21] 卢仲衡．关于平面几何“标准图形”教学的消极作用的问题［J］．心理学报，1961（2）：88－100．
[22] 卢仲衡．初二学生学习数学所产生的一些错误的分析［J］．数学通报，1961（7）：29－34.
[23] 卢仲衡，茅于燕，应王叶，等．数学改革中促进学生掌握数学知识的一些心理因素［J］．心理学报，1961（3）：190－200.
[24] 李文馥，刘范．5—13 岁儿童空间认知发展的研究［J］．心理学报，1983（1）：88－97.
[25] 李丽．小学生基本数学能力发展水平研究［D］．武汉：华中科技大学，2005.
[26] 陆士杰，李洪元．5—11 岁藏汉儿童长度概念稳定性研究［J］．心理学报，1985（1）：71－79.
[27] 李善良．数学概念学习研究综述［J］．数学教育学报．2001，10（3）：18－22.
[28] 李善良．论概念联系与概念网络在数学概念学习中的作用［J］．课程·教材·教法，2005（7）：53－58.
[29] 李善良．论正反例对数学概念学习的影响［J］．中学教研，2005（9）：1－4.
[30] 李善良．论原型与变式对数学概念学习的影响［J］．中学数学教学参考（初中），2006（14）：4－7.
[31] 李善良．关于数学概念表征层次的研究［J］．数学教育学报，2005，14（4）:35－37.
[32] 李善良．数学概念学习中的错误分析［J］．数学教育学报，2002，11（3）:6－11.
[33] 李峰，余娜，辛涛．小学四、五年级数学诊断性测验的编制：基于规则空间模型的方法［J］．心理发展与教育，2009（3）：113－118.
[34] 刘春晖，辛自强．分数认知的“整数偏向”：理论与方法［J］．心理科学进展，2010，18（1）：65－74.
[35] 刘春晖，辛自强．五—八年级学生分数概念的发展［J］．数学教育学

报，2010，19（5）：59－63．

［36］刘玉忠，刘艳清．谈谈抽象度分析法在中学数学中的应用［J］．辽宁教育行政学院学报，1996（5）：46－47．

［37］刘范，吕静，沈家鲜，等．国内十个地区7—12岁儿童数学概念和运算能力发展的初步研究［J］．心理学报，1981（2）：135－149．

［38］刘金花，李洪元，曹子方，等．5—12岁儿童长度概念的发展——儿童认知发展研究（Ⅴ）［J］．心理科学，1983（5）：3－10．

［39］刘金花，张福娟．7—11岁儿童数学概念稳定性的研究［J］．心理科学，1982（5）：56－58．

［40］刘儒德，陈红艳．小学生数学学习观调查研究［J］．心理科学，2002，25（2）：194－197．

［41］刘广珠．儿童解决算术应用题认知加工过程及比较图式形成的实验研究［J］．心理发展与教育，1996（2）：1－5．

［42］邱学华．漫谈分数教材编排与概念教学［J］．福建教育，2017（18）：21－23．

［43］邱学华．再论要不要学生熟记加法口诀［J］．中小学数学（小学版），2012（1）：18－19．

［44］邱学华．三论小学生要不要背加法口诀［J］．中小学数学（小学版），2015（9）：14－16．

［45］邱学华．四论小学生要不要背加法口诀［J］．中小学数学（小学版），2016（C1）：1－2．

［46］邱学华．五论小学生要不要背加法口诀“加法口诀”实验研究报告［J］．中小学数学（小学版），2017（C1）：1－4．

［47］邱学华．表内乘除法的教学［J］．福建教育，2017（C1）：26－29．

［48］孙玉，司继伟，黄碧娟．分数的数量表征［J］．心理科学进展，2016，24（8）：1207－1216．

［49］施银燕．教会学生画线段图［J］．江苏教育，1994（4）：34－35．

［50］唐彩斌．基于超级画板的小学数学教学实践研究［J］．中国电化教育，2009（11）：92－95．

［51］王永春．小学数学教材与数学思想方法［J］．课程·教材·教法，2015，35（9）：44－48．

［52］王维宝．谈谈小学数学教学中作线段图的规范化［J］．小学教学参考，1997（11）：23－24．

[53] 徐利治，张鸿庆．数学抽象度概念及抽象度分析法［J］．数学研究与评论，1985，5（2）：133－140．

[54] 辛自强，张皖．儿童的分数概念理解的结构及其测量［J］．心理研究，2012，5（1）：13－20.

[55] 辛自强，韩玉蕾．小学低年级儿童等值分数概念发展及干预［J］．心理学报，2014，46（6）：791－806.

[56] 辛自强，李丹. 小学生在非符号材料上的分数表征方式［J］．心理科学，2013（2）：364－371.

[57] 辛自强．中国儿童对分数概念的理解［C］．第十七届全国心理学学术会议，2014.

[58] 辛自强．问题解决中图式的建构：一项应用题分类研究［J］．心理发展与教育，2005（1）：69－73.

[59] 辛自强．关系－表征复杂性模型的检验［J］．心理学报，2003，35（4）:504－513.

[60] 徐敏毅．儿童解决算术应用题认知加工过程的实验研究［J］．心理发展与教育，1994（2）：33－39.

[61] 徐敏毅.4—8岁儿童解决算术应用题认知加工过程的实验研究（Ⅱ）［J］. 心理发展与教育，1995（4）：16－21.

[62] 杨向东．代数应用题项目生成的结构分析法［J］．心理科学进展，2014，22（3）：558－570.

[63] 杨向东．代数应用题项目生成中的认知过程与特征分析［J］．心理科学进展，2013，22（1）：175－189.

[64] 杨忠．画线段图应注意“四性”［J］．四川教育，1994（10）：39.

[65] 余嘉元．关于新课程改革中的诊断性测验研究［J］．教育探索，2006（5）：24－25.

[66] 张旭，张海丛．课程本位测量及其在学习障碍评估与干预中的应用［J］. 中国特殊教育，2009（6）：56－62.

[67] 张奠宙．话说分数（上）［J］．小学教学（数学版），2007（6）：46－47.

[68] 张奠宙．话说分数（下）［J］．小学教学（数学版），2007（7）：46－47.

[69] 张奠宙．分数定义［J］．小学教学（数学版），2010，1：48－49.

[70] 张奠宙．“分数”教学中需要澄清的几个问题［J］．小学教学（数学版），2010（1）：4－6.

[71] 张奠宙．与时俱进，推陈出新——谈分数定义的修改［J］．小学教学

(数学版), 2014 (5) ：4 –7.
[72] 张奠宙．“分数”教材里一个没有解决的问题——谈分数与包含除的关系 [J]．教学月刊（小学版·数学), 2014 (7) ：4 –5.
[73] 张奠宙．分数相等性质的数学内涵 [J]．小学数学教师，2017 (1)：4 –5.
[74] 张皖，辛自强．分数概念的个体建构 [J]．数学教育学报，2013，22 (1)：27 –32.
[75] 张丽，辛自强，王琦，等，整数构成对分数加工的影响 [J]．心理发展与教育，2012，28 (1) ：31 –38 .
[76] 张皖，辛自强，陈英和，等．分数概念语义理解对儿童乘法应用题表征的影响 [J]．数学教育学报，2017，26 (4)：76 –79.
[77] 张增杰，刘范，赵淑文，等. 5—15 岁儿童掌握概率概念的实验研究 [J]．心理科学，1985，6：3 –8.
[78] 张景中，彭翕成．三款数学教育软件的比较与设计思想分析 [J]．中国电化教育，2010 (1)：107 –113.
[79] 张景中．感受小学数学思想的力量 [J]．人民教育，2007 (18)：32 –35.
[80] 张庆林，黄蓓．解决学科问题的有效思维策略雏议 [J]．课程·教材·教法，1994 (8)：15 –18.
[81] 张庆林，王永明．类比迁移发生机制的研究 [J]．心理科学，1999，22 (2)：141 –143.
[82] 张奇，赵弘．算术应用题二重变异样例学习的迁移效果 [J]．心理学报，2008，40 (4)：409 –417.
[83] 张利容．借助线段图，突破重难点 [J]．四川教育，1995 (9)：38.
[84] 赵弘．小学生算术应用题多重变异样例学习的迁移效果 [D]．大连：辽宁师范大学，2007.
[85] 周新林，张梅玲．加减文字题解决研究概述 [J]．心理科学进展，2003，11 (6)：642 –650.
[86] 周新林，张梅玲．分析数集和构图求解关系应用题的效果 [J]．心理科学，2000，23 (5)：608 –611.
[87] 周新林，张梅玲．解决标准集未知题的易错性原因 [J]．心理学报，2000，32 (3)：287 –291.
[88] 张梅玲，刘静和，王宪钿，等．以“1”为基础标准揭示数和数学中部

分和整体关系的系统性教学实验［J］. 心理学报，1983（4）：410－417.
［89］张梅玲. 对知识结构和认知结构的关系初探［J］. 心理学报，1986（3）：286－293.

二、英文文献

［1］Axtell P K, McCallum R S, Bell S M, et al. Developing math automaticity using a class-wide fluency building procedure for middle-school students［J］. Psychology in the School, 2009, 46: 526－538.

［2］Becker A, McLaughlin T F, Weber K P, et al. The effects of copy, cover, and compare with and without error drill on multiplication fact fluency and accuracy［J］. Electronic Journal of Research in Educational Psychology, 2009, 18: 747－760.

［3］Bolich B, Kavon, N, McLaughlin, T F, et al. Effects of a copy, cover, compare procedure and a token economy on the retention of basic multiplication facts by two middle school students with ADD/ADHD［J］. Journal of Special Education. 1995, 19: 1－10.

［4］Butler F M, Miller S P, Crehan K, et al. Fraction instruction for students with mathematics disabilities: Comparing two teaching sequences［J］. Learning Disabilities Research and Practice, 2003, 18: 99－111.

［5］Codding R S, Chan-Iannetta, Lisa, Palmer M, et al. Examining a classwide application of cover-copy-compare with and without goal setting to enhance mathematics fluency［J］. School Psychology Quarterly, 2009, 24（3）: 173－185.

［6］Catrambone R, Holyoak K J. Learning subgoals and methods for solving probability problems［J］. Memory & Cognition, 1990, 18（6）: 593－603.

［7］Chard D, Clarke B, Baker S, et al. Using measures of number sense to screen for difficulties in mathematics: Preliminary findings［J］. Assessment for Effective Intervention, 2005, 30: 3－14.

［8］Clarke B, Baker S, Smolkowski K, et al. An analysis of early numeracy curriculumbased measurement: Examining the role of growth in student outcomes［J］. Remedial and Special Education, 2008, 29: 46－57.

［9］Clarke B, Shinn M R. A preliminary investigation into the identification and development of early mathematics curriculum-based measurement［J］. School

Psychology Review, 2004, 33: 234 -248.

[10] Floyd R G, Hojnoski R L, Key J. Preliminary evidence of technical adequacy of the Preschool Numeracy Indicators [J]. School Psychology Review, 2006, 35: 627 -644.

[11] Fyfe E R, McNeil N M, Son J Y, et al. Concreteness fading in mathematics and science instruction: A systematic review [J]. Educational Psychology Review, 2014, 26: 9 -25.

[12] Flores M M. Teaching subtraction with regrouping to students experiencing difficulty in mathematics [J]. Preventing School Failure, 2009, 53 (3): 145 -152.

[13] Flores M M. Using the Concrete-representational-abstract sequence to teach subtraction with regrouping to students at risk for failure [J]. Remedial and Special Education, 2010, 31 (3): 195 -207.

[14] Flores M M, Hinton V, Strozier S D. Teaching subtraction and multiplication with regrouping using the concrete-representational-abstract sequence and strategic instruction model [J]. Learning Disabilities Research & Practice, 2014, 29 (2): 75 -88.

[15] Flores M M, Hinton V M, Schweck K B. Teaching multiplication with regrouping to students with learning disabilities [J]. Learning Disabilities Research & Practice, 2014, 29 (4): 171 -183.

[16] Fuchs L S, Seethaler P M, Powell S R, et al. Effects of preventative tutoring on the mathematical problem solving of third-grade students with math and reading difficulties. Except Child, 2008, 74 (2): 155 -173.

[17] Fuchs L S, Zumeta R O, Schumacher R F, et al. The effects of schema-broadening instruction on second graders' word-problem performance and their ability to represent word problems with algebra equations: A randomized control study [J]. The Elementary School Journal, 2010, 110 (4): 440 -463.

[18] Harris C A, Miller S P, Mercer C D. The initial multiplication skills to students with disabilities in general education classrooms [J]. Learning Disabilities Research & Practice, 1995, 10 (3): 180 -195.

[19] Jitendra A K, Hoff K. The effects of schema-based instruction on the mathematical word-problem-solving performance of students with learning disabilities [J]. Journal of Learning Disabilities, 1996, 29 (4): 422 -431.

[20] Jitendra A K, Griffin C C, McGoey K, et al. Effects of mathematical word problem solving by students at risk or with mild disabilities [J]. The Journal of Educational Research, 1998, 91: 345 -355.

[21] Jitendra A K, Hoff K, Beck M. Teaching middle school students with learning disabilities to solve word problem using a schema-based approach [J]. Remedial and Special Education, 1999, 20 (1): 50 -64.

[22] Jitendra A K, Griffin C, Dearline-Buchman A, et al. Mathematical word problem solving in third grade classrooms [J]. Journal of Educational Research, 2007, 100 (5): 283 -302.

[23] Jitendra A K, Griffin C, Haria P, et al. A comparison of single and multiple strategy instruction on third grade students' mathematical problem solving [J]. Journal of Educational Psychology, 2007, 99 (1): 115 -127.

[24] Jitendra A K, Star J, Starosta K, et al. Improving students' learning of ratio and proportion problem solving: The role of schema-based instruction [J]. Contemporary Educational Psychology, 2009, 34: 250 -264.

[25] Jitendra A K, George M P, Sood S, et al. Schema-based instruction: Facilitating mathematical word problem solving for students with emotional and behavioral disorders [J]. Preventing School Failure, 2010, 54 (3): 145 -151.

[26] Jitendra A K, Rodriguez M, Kanive R, et al. Impact of small-group tutoring intervention on mathematical problem solving and achievement of third-grade students with mathematics difficulties [J]. Learning Disability Quarterly, 2013, 36 (1): 21 -35.

[27] Jordan L, Miller D, Mercer C C. The effects of concrete to semiconcrete to abstract instruction in the acquisition and retention of fraction concepts and skills [J]. Learning disabilities, 1999, 9 (3): 115 -122.

[28] Kaffar B J, Miller S P. Investigating the effects of the RENAME strategy for developing subtraction with regrouping competence among third-grade students with mathematics difficulties [J]. Investigations in Math Learning, 2011, 4 (1): 24 -49.

[29] Lee M J, Tingstrom D H. A group math intervention: The modification of cover, copy and compare for group application [J]. Psychology in the Schools, 1994, 31: 133 -145.

[30] Lembke E S, Foegen A. Identifying early numeracy indicators for kindergarten and first-grade students [J]. Learning Disabilities Research & Practice, 2009, 24: 12 -20.

[31] Lembke E S, Foegen A, Whittaker T, et al. Establishing technically adequate measures of progress in early numeracy [J]. Assessment for Effective Intervention, 2008, 33: 206 -214.

[32] Lewis A B, Mayer R E. Students' misconception of relational statements in arithmetic word problems [J]. Journal of Educational Psychology, 1987, 79: 363 -371.

[33] Low R, Over R. Hierarchical ordering of schematic knowledge relating to area-of-rectangle problems [J]. Journal of educational psychology, 1992, 84(1): 62 -69.

[34] Mayer R E. Frequency norms and structural analysis of algebra story problems into families, categories, and templates [J]. Instructional Science, 1981, 10: 135 -175.

[35] Mayer R E. Memory for algebra story problems [J]. Journal of Educational Psychology, 1982, 74 : 199 -216.

[36] Mayer R E. Teaching of mathematics: The task of solving a word problem [J]. Annual review of psychology, 2004, 55: 715 -744.

[37] Martinez R S, Missall K N, Graney S B, et al. Technical adequacy of early numeracy curriculum-based measurement in kindergarten [J]. Assessment for Effective Intervention, 2009, 34: 116 -125.

[38] Methe S A, Hintze J M, Floyd R G. Validity and decision accuracy of early numeracy skill indicators. School Psychology Review, 2008, 37: 359 -373.

[39] Miller S P, Kaffar B J. Developing addition with regrouping competence among second grade students with mathematics difficulties [J]. Investigations in Mathematics Learning, 2011, 4 (1): 24 -49.

[40] Mancl D B, Miller S P, Kennedy M. Using the concrete-Representational-Abstract sequence with integrated strategy instruction to teach subtraction with regrouping to students with learning disabilities [J]. Learning Disabilities Research and Practice, 2012, 27 (4): 152 -166.

[41] Morin V A, Miller S P. Teaching multiplication to middle school students with mental retardation [J]. Treatment of Children, 1998, 21 (1): 22 -36.

[42] Musti-Rao S, Plati E. Comparing two classwide interventions: Implications of using technology for increasing multiplication fact fluency [J]. Journal of Behavioral Education, 2015, 24 (4): 418 -437.

[43] Ozaki C, Williams R L, McLaughlin T E. Effects of a copy/cover/compare drill and practice procedure for multiplication facts mastery with a sixth grade student with learning disabilities [J]. Journal of Special Education, 1996, 20: 65 -73.

[44] Parkhurst J, Skinner C H, Yaw J, et al. Efficient class-wide remediation: Using technology to identify idiosyncratic math facts for additional automaticity drills [J]. International Journal of Behavioral Consultation and Therapy, 2010, 6: 111 -123.

[45] Pass F. Cognitive load theory and instructional design: Recent development [J]. Educational Psychology, 2003, 38 (1): 1 -4.

[46] Peterson S K, Mercer C D, O'Shea L. Teaching learning disabled students place value using the concrete to abstract sequence [J]. Learning Disability Research, 1988, 4 (1): 52 -56.

[47] Poncy B C, Skinner C H, Axtell P K. An investigation of detect, practice, and repair (DPR) to remedy math fact deficits in third-grade students [J]. Psychology in the Schools, 2010, 47: 342 -353.

[48] Poncy B C, Fontenelle S F, Skinner C H. Using detect, practice, and repair (DPR) to differentiate and individualize math fact instruction in a class-wide setting. Journal of Behavioral Education, 2013, 22: 211 -228.

[49] Poncy B C, Skinner C H. Combining class-wide cover, copy, and compare (CCC) with an interdependent group contingency to enhance addition-fact fluency in a first-grade classroom. Journal of Applied School Psychology, 2011, 27: 1 -20.

[50] Reed S K. A structure-mapping model for word problems [J]. Journal of experimental psychology. Learning, Memory, Cognition, 1987, 113 (1): 124 -139.

[51] Renkl A, Atkinson R K, Staley R, et al. Form example study to problem solving : Smooth transitions help learning [J]. The journal of experimental education, 2001, 70 (4): 293 -315.

[52] Renkl A. Worked-out examples: Instructional explanations support learning by

self-explanations [J]. Learning & Instruction, 2002, 12 (5): 529 - 557.

[53] Stading M, Williams R L. Effects of a copy, cover, and compare procedure on multiplication facts mastery with a third grade girl with learning disabilities in a home setting [J]. Education & Treatment of Children, 1996, 19: 425 - 434.

[54] Skinner C H, Turco T L, Beatty K L, et al. Cover, copy, and compare: An intervention for increasing multiplication performance [J]. School Psychology Review, 1989, 18: 12 - 220.

[55] Skinner C H, Ford J M, Yunker B D. A comparison of instructional response requirements on the multiplication performance of behaviorally disordered students [J]. Behavioral Disorders, 1991, 17: 56 - 65.

[56] Skinner C H, Shapiro E S, Turco T L, et al. A comparison of self- and peer-delivered immediate corrective feedback on multiplication performance [J]. Journal of School Psychology, 1992, 30: 101 - 116.

[57] Skinner C H, Bamberg H W, Smith E S, et al. Cognitive cover, copy and compare: Subvocal responding to increase rates of accurate division responding [J] . Remedial and Special Education, 1993, 14: 49 - 56.

[58] Stroizer S, Hinton V, Flores M, et al. An investigation of effects of CRA instruction and students with autism spectrum disorder [J]. Education and Training in Autism and Developmental Disabilities, 2015, 50 (2): 223 - 236.

[59] van DerHeyden A M, Broussard C, Fabre M, et al. Development and validation of curriculum-based measures of math performance for preschool children [J] . Journal of Early Intervention, 2004, 27: 27 - 41.

[60] vanDerHeyden A M, Witt J C, Naquin G, et al. The reliability and validity of curriculum-based measurement readiness probes for kindergarten students [J]. School Psychology Review, 2001, 30: 363 - 382.

[61] vanGarderen D, Scheuermann A M. Diagramming word problems: A strategic approach for instruction [J]. Intervention in School and Clinic, 2015, 50 (5):282 - 290.

[62] vanGarderen D, Scheuermann A M. Challenges students with learning disabilities experience when using diagrams as a visualization tool to solve mathematics word problems [J]. ZDS: International Journal on Mathematics Education, 2014, 46: 135 - 149.

[63] Xin Y P, Wiles B, Lin Y Y. Teaching conceptual model-based word problem